Lieber Herr Schlehofer
Briefe zum 90. Geburtstag

g

Lieber Herr Schlehofer

Briefe zum 90. Geburtstag

GOLLENSTEIN

Herausgegeben von Rudolf Warnking und Markus Gestier

Franz Schlehofer, geboren am 17. 2. 1915 in Bochum

Rudolf Warnking

Ein Brief als Vorwort

Lieber Herr Schlehofer, zu Ihrem neunzigsten Geburtstag überreicht die Union Stiftung Ihnen, ihrem Ehrenvorsitzenden, verbunden mit sehr herzlichen Glückwünschen einen bunten Strauß. Einen Strauß nicht aus Blumen und doch gebunden. Wir fügten den Strauß zu diesem Bändchen zusammen. Es enthält fünfunddreißig an Sie gerichtete Geburtstagsbriefe. Die Absender der Briefe begleiteten Sie oder begegneten Ihnen auf längeren oder kürzeren Strecken Ihres bisherigen Lebensweges.
Es entstand ein Strauß wie ein Mosaik. Aus vielen Einzelheiten formt sich ein Bild von Ihnen. Ein Bild aus Erinnerungen an Ihre zahlreichen und vielfältigen beruflichen und ehrenamtlichen Tätigkeiten in der Vergangenheit und zugleich aus Erwähnungen der heute noch wahrgenommenen Aufgaben. Das Bild eines Menschen, der die Geschichte seiner Zeit nicht nur erlebt, sondern an ihrer Gestaltung entscheidend mitgewirkt hat und noch mitwirkt. Ein Bild, das zu einem Vorbild wurde.
Es bleibt natürlich ein unvollständiges Bild. Ihr privater Lebensbereich konnte und sollte nicht Gegenstand der Briefe sein, und für manche Stationen Ihres Lebens in der Öffentlichkeit fand sich kein Briefautor mehr. Es bleibt auch ein sehr subjektives Bild, von persönlichen Wahr-

nehmungen und Erinnerungen vieler Persönlichkeiten gezeichnet. Und dennoch ergeben die großen Übereinstimmungen im Urteil der unterschiedlichen Autoren ein sehr treffendes Portrait.

Den Absendern der offenen und zugleich sehr persönlichen Briefe sowie dem Verleger und dem Gestalter dieses Bändchens schuldet die Union Stiftung großen Dank. Die Bereitschaft, solche Briefe zu schreiben und die Sorgfalt, mit der sie gedruckt wurden, unterstreicht die besondere Verbundenheit zu Ihnen, lieber Herr Schlehofer.

Der Union Stiftung galt ein wesentlicher Teil Ihres ehrenamtlichen Engagements. Vor fast fünfzig Jahren beteiligten Sie sich maßgeblich an ihrer Gründung und leiteten sie später mehr als dreißig Jahre als Vorstandsvorsitzender. Unter Ihrer Führung entwickelten Sie die Stiftung zu einer leistungsfähigen, anerkannten und impulsgebenden Einrichtung auf den durch die Satzung vorgegebenen Gebieten der politischen Bildung, der grenzüberschreitenden Zusammenarbeit und der Förderung von Kunst, Wissenschaft und Kultur.
Sie nahmen einschneidende und erfolgreiche Weichenstellungen vor zur Sicherung der finanziellen Basis der Stiftung. Ohne Ihre kluge Planung und zielsichere Einflussnahme ständen die für eine erfolgreiche Tätigkeit

notwendigen Mittel und Räumlichkeiten nicht zur Verfügung. Genau so vorausschauend beeinflussten Sie die Schwerpunktsetzungen für die inhaltliche Arbeit der Stiftung. Schon zu Anfang der neunziger Jahre, weit vor den ersten politischen Diskussionen über die EU-Osterweiterung, nutzten Sie die langen Erfahrungen der Stiftung in der grenzüberschreitenden Zusammenarbeit mit unseren westlichen Nachbarn zum Aufbau von Kooperationen mit Institutionen in den neuen Beitrittsländern. Das Engagement der Stiftung als Herausgeber von Büchern und Schriften beruht auf Ihrer Initiative. Auch seit Ihrem Wechsel in das Amt des Ehrenvorsitzenden unterstützen Sie alle diese Aktivitäten der Stiftung mit großem Interesse weiter. Mir persönlich erleichterten Sie in langen und intensiven Gesprächen die Übernahme und Ausübung Ihrer Nachfolge.

Lieber Herr Schlehofer, uns verbindet neben den längst im Saarland gewachsenen Wurzeln auch die landsmannschaftliche Herkunft als gebürtige Westfalen. Den Westfalen sagt man nach, Freundschaft könne man mit ihnen erst schließen, wenn man einen Sack Salz mit ihnen gegessen habe, zwischen Westfalen reiche allerdings schon ein Säckchen Salz. Dieses Säckchen haben wir seit längerer Zeit leer gegessen. Für die daraus entstandene Freundschaft danke ich Ihnen sehr.

Rudolf Warnking

Mit der großen Freude über Ihren neunzigsten Geburtstag verbindet sich natürlich der Wunsch nach vielen weiteren guten Jahren für Sie persönlich und die gemeinsame Arbeit in der Union Stiftung.

Den Segen Gottes dazu erbitten die Mitglieder des Vorstands, alle übrigen Mitglieder sowie die Mitarbeiterinnen und Mitarbeiter der Stiftung und

Ihr

R. Warnking

POLITIK

*Ehemalige Präsidialkanzlei des Saarlandes
(Saarbrücken, Bismarckstraße)*

Peter Müller

Sehr geehrter Herr Schlehofer,

zu Ihrem 90. Geburtstag gratuliere ich Ihnen sehr herzlich. 90 Jahre – das sind zumal bei Ihnen viel zu viele Jahre, um in wenigen Zeilen angemessen gewürdigt werden zu können. Ich will es daher an dieser Stelle auch gar nicht erst versuchen. Erlauben Sie mir vielmehr, Ihnen einige mich besonders bewegende Gedanken zu diesem, Ihrem Ehrentag mitzuteilen.

Als ich geboren wurde, standen Sie mitten in der wichtigsten politischen Auseinandersetzung Ihres Lebens. Es ging um das europäische Statut für die Saar, das knapp einen Monat nach meiner Geburt von den Saarländern abgelehnt wurde. Schmerz, Blessuren, Narben? Gewiss! Aber Sie haben nie darüber geklagt. Sie haben Ihr Schaffen bis ins hohe Alter in den Dienst des Landes gestellt – trotz allem. Ein saarländischer Patriot.

Zwei christliche Parteien im politischen Frontenkrieg gegeneinander. Das christliche Lager tief gespalten, ja verfeindet. Die einen Sieger, die anderen Verlierer. Neubeginn mit klaffenden Wunden. Sie gehörten zu denen, die schon gleich nach der Entscheidung die Versöhnung suchten, die Einigung von CVP und CDU initiierten, vorantrieben und schließlich auch erreichten. Ein Christdemokrat durch und durch.

Peter Müller

Als ich Sie Ende der siebziger Jahre kennen lernte, da war ich politischer Anfänger in der Jungen Union, Sie waren *elder statesman*, ein Mann von Rang und Einfluss: Geschäftsführer des Saarländischen Industriellen-Verbandes, Vorsitzender des Verwaltungsrates des Saarländischen Rundfunks, Aufsichtsrat der Saarbrücker Zeitung, Vorsitzender der Union Stiftung etc. Sie oben – wir unten, eine Perspektive, die zum Übersehen einlädt, wenn man vergisst, dass die Zukunft immer unten anfängt. Sie übersahen uns nie. Sie waren uns zugeneigt mit offenem Ohr, mit hilfreicher Hand und vor allem – was damals für uns Junge wichtig und für viele Ältere gewiss nicht einfach war – mit Verständnis. Denn an uns ist das „rote Jahrzehnt" schließlich nicht spurlos vorbeigegangen: Rebellion war auch bei uns „in", und ich war hier nicht gerade der Zurückhaltendste, wenn es gegen die herrschende Parteimeinung ging. „Man soll einen jungen Hund nicht totschlagen, weil man nie weiß, was noch einmal aus ihm wird", so sagten Sie damals, als ich als JU-Mann zum stellvertretenden Landesvorsitzenden der CDU gewählt wurde und einige Auffassungen vertrat, die mit der klaren Mehrheitsmeinung im diametralen Gegensatz standen. Nachsicht aus Weitblick!?

Aus meiner heutigen Perspektive bin ich um die Anforderungen an einen Chef der Staatskanzlei bestens im Bilde. Es ist, wenn nicht der schwierigste, so doch der undankbarste

Part einer Landesregierung. Nur selten genießt man den Ruhm der öffentlichen Anerkennung, den schöpfen andere ab – der Ministerpräsident und die Minister. Dafür managt der Chef der Staatskanzlei die Geschäfte hinter den Kulissen, und diese Geschäfte sind meistens schwierig, mühevoll, bisweilen unangenehm. Der Chef der Staatskanzlei hält dem Ministerpräsidenten den Rücken frei; er nimmt ihm die Last von seinen Schultern und lädt sie sich selbst auf; er hält den Laden in Ordnung und die Mannschaft auf Trapp; dabei eckt er an und macht sich unbeliebt. Nichts für zarte Gemüter. Sie waren Chef der Staatskanzlei im Alter von 33 bis 40 Jahren, und dies in einer bewegten Zeit. Bewundernswert!

Sie waren immer ein politischer Mensch mit tiefer christdemokratischer Überzeugung, ein Mann der Sozialen Marktwirtschaft, glühender Verfechter der Freiheit in Verantwortung. Ungeachtet aller Zäsuren, Friktionen und Verwerfungen ließen Sie nie einen Zweifel daran, dass Sie zur Familie der saarländischen Christdemokraten gehörten. Dennoch wussten Sie in Ihren herausgehobenen Funktionen im Saarländischen Industriellen-Verband, in den Gremien des Saarländischen Rundfunks und der Saarbrücker Zeitung oder als Vorsitzender der Union Stiftung stets die hierin gebotene Distanz zur Partei zu wahren. Vor allem die Union Stiftung: Unbeirrbar hielten Sie daran fest, dass sie eine unionsnahe und keine unionseigene Stiftung blieb. In der Tat waren Sie längst nicht immer ein bequemer

Verhandlungspartner, aber einer mit Rückrat und Verlässlichkeit, loyal und diskret; nicht immer geliebt, aber immer geschätzt und geachtet. Der Name Schlehofer steht schlicht und einfach für Charakterfestigkeit.

Wacher Geist, scharfer Verstand, weites Herz, feste Überzeugung, spontane Offenheit, sprudelnde Kreativität, nüchterner Realitätssinn: So habe ich Sie vor ca. dreißig Jahren kennen gelernt, so kenne ich Sie noch heute. Waren Sie jemals anders? Noch immer streitet man sich, ob mehr die Anlagen oder mehr die Erfahrungen die Persönlichkeit ausmachen. Bei Ihnen bin ich zu der Überzeugung gelangt, dass es doch mehr die Anlagen sein müssen. Eine gestandene Persönlichkeit, wie ich sie in Ihnen kenne, die kann man nicht lernen, die ist man.

Sehr geehrter Herr Schlehofer, ich danke Ihnen von Herzen und wünsche Ihnen noch viele glückliche Jahre – ebenfalls von Herzen.

Bernhard Vogel

Lieber Herr Schlehofer,

vor fünfzehn Jahren schrieb in der Saarbrücker Zeitung Joachim Penner anlässlich Ihres 75. Geburtstags: „Er ist kein Mann, der die Öffentlichkeit sucht, doch alle Entscheidungsträger an der Saar kennen und schätzen ihn." Das ist eine kurze, prägnante Charakterisierung Ihrer Person. Aber ich darf hinzufügen: Auch über die Grenzen des Saarlandes hinaus kennen viele politische und wirtschaftliche Entscheidungsträger Franz Schlehofer.

Ich habe während des Studiums und als Doktorand und Assistent an der Universität in Heidelberg die Entwicklung des Saarlandes und der Saarpolitik mit lebhaftem Interesse verfolgt. Für uns als junge Studenten der Politischen Wissenschaft, die dieses Fach im Sinne ihrer Wiederbegründer in Deutschland nach 1945 wie Arnold Bergstraesser, Ernst Fraenkel, Eric Voegelin und Dolf Sternberger vor allem als Demokratiewissenschaft verstanden, war es eine interessante Aufgabe, die besondere politische Lage des Saarlandes zu analysieren und dessen Entwicklungen im Rahmen der deutschen und europäischen Neuordnung mit wissenschaftlichen Kriterien zu bewerten.

Die Bundesrepublik Deutschland und die Republik Frankreich waren demokratische Staaten. Aber das Saarland besaß einen Sonderstatus; es war in den französischen Wirtschafts- und Währungsraum eingebunden und politisch teilautonom.

Bei der Volksabstimmung im Oktober 1955 war es über den künftigen Status zu heftigen Auseinandersetzungen gekommen. Die Front der „Ja-Sager" und der „Nein-Sager" zum vorgesehenen „Europäischen Saarstatut", das 1954 zwischen Frankreich und Deutschland mühsam ausgehandelt worden war, ging mitten durch viele saarländische Familien. Und im Abstimmungskampf waren auch die Christlichen Demokraten gespalten: die Christliche Volkspartei des Saarlandes als Befürworter und der neugegründete Landesverband Saar der Christlich-Demokratischen Union als Gegner des zur Abstimmung gestellten Statuts. Die saarländische Bevölkerung lehnte es mit Zweidrittelmehrheit ab. Ich weiß noch gut, wie bei dieser Auseinandersetzung die Emotionen hochschlugen.

Als ich 1960 in den Kreisverband Heidelberg der CDU eintrat, war es gerade ein paar Monate her, dass das Saarland, das am 1. Januar 1957 zum damals jüngsten Land der Bundesrepublik geworden war, auch in den westdeutschen Wirtschafts- und Währungsraum zurückgekehrt war. Das war nicht einfach, weil die saarländische Wirtschaft nicht nur politisch, sondern auch historisch und geographisch eng mit dem französisch-lothringischen Industriegebiet verwoben war.

Als Geschäftsführer des Saarländischen Industriellen-Verbandes und der Landesvertretung Saar des Bundesverbands der Deutschen Industrie wirkten Sie mit bei der erfolgreichen Integration der Saarwirtschaft in das System der Sozialen Marktwirtschaft. Das Saarland war dann auch vorbildhaft bei der Schaffung regionaler, grenzüberschreitender Zusammenarbeit benachbarter Länder, so bei der Schaffung der Region Saar-Lor-Lux, in der das Land mit Luxemburg, Lothringen, Walonien sowie Trier und der Westpfalz zusammenarbeitet. Diese grenzüberschreitende Zusammenarbeit der Regionen ist nicht zuletzt für die Integration Europas von hervorragender Bedeutung.

Einen besonderen Verdienst haben Sie sich erworben bei der Wiederannäherung der beiden christlichen Parteien an der Saar. Als Direktor der Präsidialkanzlei der Saarländischen Regierung unter Ministerpräsident Johannes Hoffmann waren Sie einer seiner engsten Vertrauten. Aber es war für Sie als Christlicher Demokrat ein unerträglicher Zustand, dass angesichts der bevorstehenden großen politischen und wirtschaftlichen Aufgaben des Landes künftig zwei „C"-Parteien gegeneinander stehen sollten. Sie hatten die menschliche Größe, den einstigen Kontrahenten im Abstimmungskampf die Hand zu reichen. Als Mitglied der Einigungskommission von CDU und CVP in den Jahren 1956 bis 1959 erarbeiteten Sie zusammen mit Franz-Josef Röder, Manfred Schäfer und anderen die Grundlagen für die

Fusion der beiden christlichen Parteien im April 1959. Das war ein Meilenstein für das Zusammenwirken und die politischen Erfolge der Christlichen Demokraten an der Saar in den folgenden Jahrzehnten.

Ein wichtiger Beitrag hierzu war sicherlich auch die von Ihnen 1959 mitbegründete Union Stiftung. Wie die Konrad-Adenauer-Stiftung orientiert sie ihre Arbeit in der staatsbürgerlichen und demokratischen Bildung, in der historischen und politikwissenschaftlichen Forschung sowie in der internationalen, besonders der Europäischen Verständigung am christlichen Menschenbild.

Als Christdemokrat haben Sie dem Saarland, das für Sie seit 1947 zur zweiten Heimat wurde, zu politischem und wirtschaftlichem Profil verholfen. Aufgrund Ihrer großen menschlichen Fähigkeiten, Ihrer Vertrauenswürdigkeit, Ihrer Sachkompetenz sowie der diskreten Weise Ihres Wirkens haben Sie viele Freunde – auch in den anderen politischen Lagern.

Ihr 90. Geburtstag gibt mir Gelegenheit, wichtige Stationen Ihrer Arbeit wieder in Erinnerung zu rufen. Ich möchte Ihnen – auch im Namen der Konrad-Adenauer-Stiftung – Dank und Anerkennung aussprechen und wünsche Ihnen alles Gute und Gottes Segen.

Ihr

Peter Jacoby

Lieber Herr Schlehofer,

in großem Respekt von Ihrem ganz persönlichen Werdegang, Ihrer beruflich politischen Lebensleistung und dem, was Sie in Jahrzehnten beigetragen haben zum Gemeinwohl unseres Landes, gratuliere ich Ihnen recht herzlich zu Ihrem 90. Geburtstag.

Sie blicken zurück auf wahrhaft erfüllte Jahre. Sie waren und sind ein beeindruckender Repräsentant des christlichen Lagers an der Saar, eine Persönlichkeit der saarländischen Zeitgeschichte – vielfältig engagiert und einflussreich. Sie haben Vielen Vieles gegeben, auch mir ganz persönlich. Und dafür sage ich Dank.

Wir haben uns kennen gelernt, als ich erstmals Ende der 70er Jahre als damaliger Landesvorsitzender der Jungen Union auch Mitglied im Landesvorstand der CDU gewesen bin. Sie gehörten diesem Gremium ebenfalls als kooptiertes Mitglied an. Ich war der Jüngste, Sie der Älteste. Ich erinnere mich an bewegte Zeiten in der Endphase einer langen CDU-Ära in unserem Land; vor allem an die Zäsur, die mit der neuen und ungewohnten Rolle der CDU-Saar als Oppositionspartei nach 1985 einher ging; vor allem aber an die Hilfe und Unterstützung, die wir Jüngere, die quasi von heute auf morgen mit einer großen Herausforderung konfrontiert waren, gerade von Ihnen, lieber Herr Schlehofer, erhielten. Von Generationenkonflikt keine Spur, ganz im Gegenteil.

Sie, lieber Herr Schlehofer, begleiteten den überfälligen Generationswechsel in der CDU-Saar aufgeschlossen und konstruktiv. Sie waren es, der eingeladen hat zu vertraulichen Gesprächen; der in aller Diskretion uneigennützige und deshalb um so wichtigere Ratschläge gegeben hat; der uns teilnehmen ließ an seiner Lebenserfahrung. Sie waren es zudem, der über den gedanklichen Austausch hinaus ging, der nicht nur mit Rat, sondern auch mit Tat an unserer Seite stand. All das ist mir auch heute noch, also fast zwanzig Jahre später, lebhaft präsent. Es gab nur wenige, auf die in der damals schwierigen Zeit so Verlass war wie auf Sie. Franz Schlehofer – das ist für mich das Beispiel eines Mannes, der sich zeitlebens um öffentliche Angelegenheiten – *die res publica* – gekümmert hat, das Beispiel einer „grauen Eminenz", die nicht die Darstellung in der Öffentlichkeit gesucht hat, aber in ihrem Wirken um so effektiver war; das Beispiel einer Persönlichkeit, die in puncto Integrität und Seriosität Maßstäbe gesetzt und dabei Vieles bewegt und beeinflusst hat.

Die saarländische Wirtschaft, die Probleme der Montanindustrie, der unausweichliche Strukturwandel, das Saarland als europäische Kernregion, die deutsch-französische Verständigung und in diesem Zusammenhang die Rolle der Medien in unserem Land – um diese Frage kreisten, lieber Herr Schlehofer, Ihre vielfältigen Bemühungen.

Zeitlebens verbanden Sie dabei Ihre Verwurzelung im Saarland mit einer Weltläufigkeit, Weltoffenheit und europäischen Orientierung – Haltungen, die allesamt für unser Land zukunftsweisend sind.

Wenn ich gefragt werde, mit welchen Begriffen bringe ich Franz Schlehofer in Verbindung, dann fallen mir Begriffe ein wie Sachkompetenz und Vertrauen, Hartnäckigkeit und Diplomatie, Grundsatztreue und Liberalität, Wertebewusstsein und Noblesse. Das alles verkörpern Sie, lieber Herr Schlehofer, bis zum heutigen Tag.

Und so wünsche ich Ihnen für das neue Lebensjahrzehnt neben der berechtigten Zufriedenheit über das, was mit Ihrem Wirken verbunden bleibt, vor allem Gesundheit, Vitalität und auch Ihrerseits alles in allem gute Gedanken im Blick auf die, die Ihre Wegbegleiter waren und sind.

Mit freundlichen Grüßen

Heinrich Küppers

Lieber Herr Schlehofer,

der Kalender zeigte den 11. März 1976 an, als wir uns zum ersten Mal begegnet sind. Damals war ich damit beschäftigt, eine Studie über die Bildungspolitik an der Saar zwischen 1945 und 1955 zu fertigen. Wir trafen uns zum Interview, das aber kaum mehr war als eine Art *tour d'horizon* über das in Frage stehende Thema und ergiebig nur da war, wo es um die Rolle von Emil Straus als Kultusminister und Politiker der Christlichen Volkspartei ging.

Und noch eines ist für mich in Erinnerung geblieben, Ihre Verehrung für Johannes Hoffmann und eine absolut glaubwürdige Treue zu seiner Person und zu seinem Schicksal als führende politische Gestalt in der Geschichte der Saar von 1945 bis 1955.

Persönlich näher gekommen sind wir uns sehr viel später, im Jahre 1997, um konkret zu sein. Aber auch das ist schon wieder acht Jahre her. Unser bestimmendes Thema hieß nun nicht mehr Emil Straus, sondern Johannes Hoffmann. Über ihn soll eine Biographie entstehen, und wenn Sie als Zeitzeuge nicht da wären, bliebe der Hoffmannforschung vieles verborgen, weil alle Erkenntnisse aus Akten nun einmal ihre Grenzen haben.

Johannes Hoffmann ist der Mann, dessen Lebensgeschichte uns beiden wichtig ist. Ihnen „gehört" er als ein Stück

Leben, bei mir ist es die Neugier eines Historikers aus der Enkelgeneration. Immerhin hat uns die Vita dieses Mannes dazu gebracht, gemeinsam den Orientierungen und Identitäten nachzugehen, die für die Geschichte der Saar nach 1945 zehn Jahre lang wirksam waren, bevor sie in den Strudel einer kollabierenden Gefühlswelt gerieten und das Land und seine Bevölkerung zum zweiten Mal nach 1935 in eine tiefe Krise führten.

Es ist hier nicht der Platz, Einzelheiten auszubreiten. Anzusprechen ist allein der Punkt, der mich mit dem Menschen Franz Schlehofer in Verbindung gebracht hat. 1915 im Westfälischen geboren und dort aufgewachsen, war auch für Sie das Dritte Reich eine prägende Zeit. National begeistert haben auch Sie damals wie viele junge Menschen in Hitler zunächst eine Hoffnung gesehen.

Nach dem Krieg lernten Sie Johannes Hoffmann kennen, einen Mann, der wegen Hitler seine Existenz als Journalist riskiert hatte und als erklärter Feind des Nationalsozialismus das bittere Los einer zehnjährigen Emigration erleiden musste.

Ich weiß um die erste Begegnung zwischen Ihnen und Johannes Hoffmann, der nach 1945 Ihr Mentor und Förderer war. Ihre Schilderung hat viele Bilder in mir wach gerufen: besonders eindrucksvoll die Begegnung zweier Generationen, besonders eindrucksvoll die höchst unterschiedlichen Erfahrungen mit dem Hitlerreich, besonders eindrucksvoll die Begegnung zweier tiefgläubiger Christen und erklärter Anhänger des deutschen Sozialkatholizismus. Für mich selbst, der die Saarfrage als junger Mensch von außen erlebt hat, also aus der Ferne von „drüben im Reich", war es lange Zeit schwer zu begreifen, warum es damals und warum es soviel und so heftig Streit gegeben hat.

Heute weiß ich, dass es für das Saarland und für die Saarländer im Kern nicht um eine Statusfrage ging, es ging auch nicht um das kulturelle Deutschtum, es ging um das nationale Deutschtum und es ging vor allem um eine Vergangenheitsbewältigung, deren Ursache einen Namen hatte: Adolf Hitler.

Es geht hier und heute um Sie, den Menschen und Politiker Franz Schlehofer, der an zentraler Stelle und hoher Position mitverantwortlich sein wollte, die Saarfrage in eine europäische Richtung zu lenken. Darum wissen Sie wie kaum ein anderer, wie stark die Verbindung zwischen der saarländischen Autonomiebewegung und den Erfahrungen ihrer Protagonisten mit dem nationalsozialistischen Deutschland war.

Aber die Erfahrungen waren unterschiedlich. Sie, lieber Herr Schlehofer, waren 1945 eben erst dreißig geworden, und Ihre damals aufkeimende Begeisterung für eine neue europäische Welt im Zeichen des Friedens und der Völkerverständigung war Ausdruck einer neuen Generation, die zunächst vom Nationalsozialismus beeindruckt war, aber konsequent mit ihm gebrochen hatte, als er in seinem zynischen und nihilistischen Wesenskern bloßgestellt war.

Sie öffneten sich Johannes Hoffmann, der schon immer gegen Hitler gewesen war, und der dafür zwischen 1935 und 1945 eine bittere Emigrationszeit durchzustehen hatte.

Die Saarfrage, besser: die Konflikte um die Saar haben fast 35 Jahre gedauert. Für die ersten 15 Jahre trägt Frankreich die Hauptverantwortung, für die zweite Etappe aber gingen die Ursachen eindeutig von Deutschland aus. In Deutschland und auch an der Saar ist die Verantwortung Hitlers für eine tiefe moralische Krise in Europa, die Verantwortung für ein vielfaches Elend und Leid im Grundsatz selten bestritten worden. Und dennoch blieb die Versuchung groß, für Deutschland und die Deutschen immer dann eine Opferrolle zu reklamieren, wenn die Nachbarländer als Antwort auf ihre erlebten Traumata eine konsequente Sicherheitspolitik gegen die scheinbar unberechenbare Nation in der Mitte Europas verfolgen wollten.

Europa, Hitler und Frankreich liefern die Stichworte für die Komplexität der saarländischen Geschichte nach 1945. Im Jahre 1933 waren die Dinge noch klar und eindeutig gewesen. Und es gab nur eine akzeptierte Gesinnung: Die Saar ist deutsch. 1950 hatte es das Gewissen schwerer, weil die Saar international erneut zum Zankapfel geworden war und die Saarbevölkerung aber diesmal in zwei Wahrheitswelten gespalten war. Die einen schrieben Europa und das Näherrücken der Völker auf ihre Fahnen, für die anderen blieb die Vaterlandstreue ein Tabu.

Sie, lieber Herr Schlehofer, haben die *crux interpretum* der Saarfrage schon früh erkannt und stets versucht, einen „geistigen Bürgerkrieg" an der Saar zu verhindern. Sie waren schon vor 1955, als die Macht noch auf ihrer Seite war, für Mäßigung und Ausgleich, aber Sie blieben auch nach 1955 ein einflussreicher Brückenbauer, als die Macht schon gewechselt hatte. An Ihrer Loyalität zu Johannes Hoffmann und zur Christlichen Volkspartei, zentralen Elementen der Saarlandautonomie, haben Sie zu keinem Zeitpunkt einen Zweifel aufkommen lassen.

Dennoch sind Sie wegen einer vermeintlich angepassten Haltung im Umfeld der Wendemarke 1955 gescholten worden. Von Opportunismus war die Rede und von der grauen Eminenz, die hinter den Kulissen die Fäden zieht. Im Eifer und in der Hitze dieser Tage ist manches böse Wort über Sie gefallen. Zum Teil war es sogar ein Scherbengericht. Aber Scherbengerichte taugen nur zur Verurteilung und nicht zum Urteil, weil die heftigsten Ankläger ihre Steine meist aus einem Glashaus warfen.

Dabei gehörten Sie zu den ersten, die die Anfälligkeiten des Autonomiegedankens erkannt hatten, etwa die völkerrechtlich ungeklärte Statusfrage für die Saar, die Krise des supranationalen Prinzips nach 1952 oder die wachsende

Gleichgültigkeit der angelsächsischen Mitbestimmungsmächte im Saarkonflikt. Mit anderen Worten: Sie behielten auch als Anhänger der Saarautonomie Durchblick und Augenmaß in den Jahren vor der Entscheidung von 1955. Und weil Sie schon vor 1955 kühlen Kopf behielten, waren Sie auch nach 1955 in der Lage, in einer angespannten Situation ohne Apologie und ohne Anklage für eine Aussöhnung einzutreten.

Sie, lieber Herr Schlehofer, haben damals aus der Defensive der unterlegenen Autonomiebewegung ein selten großes Zerwürfnis erlebt, einmal innerhalb der Saarbevölkerung selbst, zum anderen als Politiker des christlichen Lagers. Sie wussten, dass die Versöhnung schwierig und ein neues Miteinander nur nach einer langen Zeit zu erreichen sein würde. Inzwischen scheint es, als ob auch dieser Abschnitt saarländischer Geschichte schon fast nicht mehr in der Erinnerung steht. Aber er sollte nicht in Vergessenheit geraten, ebenso wenig wie die verdienstvolle Rolle, die Sie, lieber Herr Schlehofer, als Baumeister für einen letztlich dann doch gelungenen Versöhnungsprozess geleistet haben. Ihr 90. Geburtstag bietet die willkommene Gelegenheit, eine Persönlichkeit zu würdigen, die in der schwierigen und wechselvollen Geschichte des Saarlandes Profil gezeigt hat.

Leo Kerwer

Sehr geehrter, lieber Herr Schlehofer!

Zur Vollendung Ihres 90. Lebensjahres beste Grüße und herzliche Glückwünsche. Meine Frau und ich wünschen Ihnen von Herzen noch viele weitere gute Jahre, insbesondere persönliches Wohlergehen im Kreise Ihrer Familie, eine befriedigende Gesundheit und vor allem die geistige Frische und Beweglichkeit, die Sie in so bewundernswerter Weise auszeichnet.

Sie können in diesen Tagen mit berechtigtem Stolz und mit einem hohen Maß an persönlicher Befriedigung auf ein erfülltes Leben und auf eine über 50-jährige erfolgreiche Arbeit im Saarland und für die Menschen dieses Landes zurückblicken.

Ich selbst – damals gerade 18 oder 19 Jahre alt und Gründungsmitglied einer jungen Kolpingsfamilie – habe den Namen Franz Schlehofer zum ersten Male bewußt gehört, als Sie im Jahre 1952 auf einer mehrtägigen Veranstaltung des saarländischen Kolpingwerkes in Neunkirchen eine Festansprache hielten.

Ich erinnere mich, daß ich sehr beeindruckt war von dieser Ansprache, besonders aber von Ihnen als Festredner, gerade erst 37 Jahre alt und schon seit einigen Jahren Direktor der Präsidialkanzlei des saarländischen Ministerpräsidenten – eine Funktion, deren Bedeutung mir damals noch weitgehend unbekannt war, uns aber sehr großen Respekt einflößte.

Nach meiner Versetzung in die Staatskanzlei im Jahre 1963, vor allem in meiner Zeit als Leiter des Persönlichen Büros des Ministerpräsidenten und später – quasi als Ihr dienstlicher Ur-Urenkel – als Chef der Staatskanzlei unter den Ministerpräsidenten Dr. Franz-Josef Röder und Werner Zeyer hatte ich vielfach Gelegenheit, an Besprechungen und vertraulichen Gesprächen mit Ihnen teilzunehmen. Diese Unterredungen fanden, wie Sie wissen, nicht immer in Ihrer Eigenschaft als Geschäftsführer des Saarländischen Industriellenverbandes statt.

Ich weiß, wie sehr Ministerpräsident Dr. Röder – aber auch Werner Zeyer – Ihren persönlichen Rat schätzte, Ihre intimen Kenntnisse der gesamten saarländischen Verhältnisse, Ihre großen Erfahrungen, Ihr abgewogenes Urteil und Ihre Meinung auch zu schwierigen personellen Fragen und Entscheidungen. Das war in vielen Fällen auch für mich von erheblichem Nutzen.

Ihre Arbeit in den ersten Nachkriegsjahren kenne ich nur aus den anerkennenden Schilderungen einiger Ihrer damaligen Weggefährten. Nach den 12 Jahren meiner Tätigkeit in der Staatskanzlei glaube ich aber, in etwa ermessen zu können, welches Maß an Aufbau- und Entwicklungsarbeit Sie zu leisten hatten und welche Herkulesarbeit bewältigt werden mußte, besonders aber, welchen psychischen Belastungen Sie in den turbulenten Monaten im Jahre 1955 ausgesetzt waren. Auch aus teilweise eigenen Erfahrungen kann ich erahnen, wie Sie sich vor und nach dem 23. Oktober 1955 gefühlt haben müssen.

Trotz der sicherlich schwierigen persönlichen Situation sind Sie ein Mann des Ausgleichs und der Befriedung geblieben. Dafür gibt Ihre aktive Mitwirkung in der Einigungskommission CDU/CVP ein beredtes Zeugnis, aber auch Ihre anschließende Arbeit in der Union Stiftung, die Sie über viele Jahre mit großem Engagement, aber auch mit Umsicht und viel politischem Gespür geführt haben.
Während unserer langjährigen Zusammenarbeit im Vorstand der Stiftung wie auch in den Gremien des Saarländischen Rundfunks habe ich die Souveränität Ihres Führungsstils immer bewundert, bestimmt immer, aber auch fair und kollegial.

Lieber Herr Schlehofer, Ihr 90. Geburtstag gibt mir allen Anlaß, Ihnen ein sehr herzliches Wort des Dankes zu sagen für Ihre fortdauernde Verbundenheit, für mannigfachen Beistand und Unterstützung, insbesondere aber für ein hohes Maß mitmenschlichem Verständnis. Es tut besonders gut, wenn persönliche Verbundenheit auch in schwierigeren

Zeiten und auch dann andauert, wenn man nicht mehr „in Amt und Würden" ist und keine einflußreichen Funktionen mehr ausübt. Dafür bedanke ich mich sehr.

Mit allen guten Wünschen

Ihr Leo Kerwer

Otto Klinkhammer

Lieber Herr Schlehofer,

in neunzig Jahren hat sich bei Ihnen ein Erfahrungsschatz angesammelt, den leider nur wenige nutzen können. Ich spreche von Ihren „politischen Jahren" in denen ich das Glück hatte, Sie journalistisch beobachteten zu dürfen. Es waren viele Jahre, entscheidende, die die politische Bandbreite vom „Hosianna" bis zum „Kreuzigt ihn" umfassen. Ich lernte dabei auch den Spannungsbogen kennen, der in der Politik vom guten Keim bis zur Inhumanität reicht. Heute spricht man vom Bösen, doch das Wort umfasst nicht, was ich meine. Sie haben es kennen und verdrängen gelernt.

Der französische Professor Marc Augé schreibt in seinen Überlegungen zur Ethnologie der Einsamkeit: Die Geschichte beschleunigt sich. Kaum haben wir Zeit gehabt, ein wenig älter zu werden, da ist unsere Vergangenheit schon Geschichte, und unsere eigene individuelle Geschichte ist Bestandteil der Geschichte.

Ist es so? Leider sind die Archive in Paris noch nicht alle zugänglich, die aussagen könnten, mit wieviel Verhandlungsgeschick Sie in sehr schwierigen Jahren nach einem schrecklichen Krieg für einen Teil Ihres Vaterlandes – ich sage das mit Bedacht – nämlich das Saarland, Vorteile herausgehandelt haben. Doch die große Glocke, die heute sehr oft politische Entscheidungen begleitet und den Akteur meist vorschnell mit

Zeilen und Bildern umtönt, blieb bei Ihnen stumm. Ihr vernunft-kontrolliertes Handeln und Ihre Schweigsamkeit schafften aber auch den Raum für Interpretation und Verleumdung. Unter der polemischen Auslegung, die den Verrat mit einschloss, litten Sie am meisten ohne sich laut zu verteidigen. Ich erinnere mich Ihrer bitteren Äußerung, dass vermeintliche Freunde und opportunistische Bekannte die Straßenseite wechselten, wurden sie Ihrer ansichtig. Es war nur ein Zeithauch entfernt vom ständigen Händeschütteln und verbalem Schulterklopfen. Ihre Beispiele habe ich verinnerlicht und sie wären ein Vademecum für heute politisch Handelnde.

Für solche Verhaltensweisen hat André Glucksmann in seiner „Macht der Dummheit" René Descartes zitiert, dessen Ausspruch hier genau vom Richtigen stammt, denn er spricht von der „Bewunderung" als Fähigkeit überrascht, erstaunt und fassungslos zu sein. Und die Ausnahme hebt er hervor: „Jene, die stumpfsinnig und beschränkt sind, neigen ihrem Wesen nach nicht zur Bewunderung." Vielleicht tröstet ein solcher Satz auch noch nach Jahren.

Lieber Herr Schlehofer, von Ihren „politischen Jahren" sprach ich, doch auch von der Zeit danach. Aus dem journalistisch Neugierigen wurde ich zu Ihrem neugierigen Schüler.

Ihr

WIRTSCHAFT

*Ehemalige Geschäftsstelle des
Saarländischen Industriellenverbandes
(Saarbrücken, Feldmannstraße 121)*

Hanspeter Georgi

Lieber Herr Schlehofer,

gerne reihe ich mich ein in die große Schar von Gratulanten aus Anlaß der Vollendung Ihres 90. Lebensjahres. Ich gehöre nicht zu jenen, die Sie schon seit den 50er Jahren kennen. Aber immerhin gehöre ich nun schon seit drei Jahrzehnten zu jenen, die Ihnen wohl gesonnen sind.

Gerne erinnere ich mich an die erste Begegnung mit Ihnen. Möglicherweise ist dies für Sie kein Datum, für mich gehört diese Begegnung aber zu den ersten Kontakten, die ich mit dem Saarland verbinde. Es war im Frühjahr 1972 – unter dem damaligen Landesbankchef Hubert Dohmen tagte der Saarpfalzkanal-Verein in der Pfalz. Gemeinsam mit Klaus Töpfer, damals frischer Berater in der saarländischen Staatskanzlei bei Ministerpräsident Franz-Josef Röder, hatte ich es übernommen, eine methodenkritische Stellungnahme zu dem Gutachten „Wasserstraßenanschluß für das Saarland" zu verfassen. Ich empfand es als äußerst wohltuend, mit welcher Aufgeschlossenheit und Zuvorkommenheit Sie den Jüngeren behandelten. Noch völlig fremd, haben Sie mir gleichwohl das Gefühl vermittelt, in der Wirtschaftswelt des Saarlands willkommen zu sein. Gegenstand unseres kurzen Gesprächs waren die gemeinsamen Anliegen von saarländischer und pfälzischer Wirtschaft hinsichtlich der Verkehrsinfrastruktur.

Erst später erfuhr ich von Ihrem Wirken und Ihrer Rolle, die Sie als Chef der Staatskanzlei unter Ministerpräsident Johannes Hoffmann ausgeübt haben. Um so bedeutsamer für mich war unsere erste Begegnung. Erst einige Jahre später baten Sie mich zu einem Gedankenaustausch. Sie waren noch Hauptgeschäftsführer des damaligen Industriellenverbandes des Saarlandes. Während des Gesprächs gaben Sie mir u.a. auch Informationen über die Geschehnisse und die handelnden Personen in der Zeit der 50er Jahre. Beides waren nützliche Ergänzungen zu dem, was ich bis dahin über die Industrie- und Handelskammer des Saarlandes oder über „Das Wunder an der Saar" von Heinrich Schneider erfahren konnte.

Bemerkenswert bei diesem Gespräch und deswegen in Erinnerung haltend, war für mich Ihr väterlicher Rat, mein berufliches Engagement in der IHK unbeirrt fortzusetzen, auch wenn es etwas dauere, bis man als Nicht-Saarländer voll akzeptiert würde. Wie Sie wissen, lieber Herr Schlehofer, habe ich Ihren Rat befolgt.

Sie waren es, der mich für eine Mitarbeit und Mitwirkung in der Union Stiftung gewann. Ich bin dieser Ansprache gerne gefolgt. Mit Bewunderung habe ich beobachten können, wie umsichtig und an längerfristigen Zielen orientiert Sie die Union Stiftung geführt haben. Sie hat von Ihrem politischen und wirtschaftlichen Wirken profitieren können. Als Mitglied des Verwaltungsrats konnte ich intensiv Einblick nehmen in die Kunst, die Union Stiftung so erfolgreich zu führen.

Es ist wohl diese Arbeit gewesen, die Sie bis ins hohe Alter hat jung bleiben lassen. Damit meine ich, daß Sie durch diese politische Tätigkeit immer noch dazugelernt haben und dazulernen wollten. Diese intellektuelle Bereitschaft hat dazu geführt, dass Sie gerade unter jüngeren Leuten viele Verehrer haben. Zu diesem Kreis darf auch ich mich zählen.

Mit allen guten Wünschen bin ich Ihr

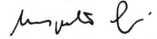

Heiko Jütte

Lieber Herr Schlehofer,

zu Ihrem runden Geburtstag gratuliere ich Ihnen ganz herzlich und verbinde dies mit allen guten Wünschen für Sie und Ihre Familie.

Wir lernten uns über die Verbandstätigkeit kennen, die für mich erst begann, als Sie nach langen Jahren (genau 27) die Geschäftsführung des Saarländischen Industriellenverbandes an Ihren Nachfolger Dr. Norbert Reis abgaben.

Das war im Jahre 1986, ich trat in die Geschäftsführung des Verbandes der Eisen- und Metallindustrie des Saarlandes (heute Metall- und Elektroindustrie des Saarlandes) ein und übernahm im Jahre 1989 auch die Geschäftsführung in der Vereinigung der Saarländischen Arbeitgeberverbände. Die kümmerte sich damals ausschließlich um die tarif- und sozialpolitischen Belange der saarländischen Wirtschaft, während der Saarländischen Industriellenverband auch als Landesvertretung Saar des Bundesverbandes der Deutschen Industrie (BDI) vorrangig die wirtschaftspolitische Interessenvertretung der saarländischen Industrie wahrnahm.

Was aus heutiger Sicht selbstverständlich erscheint, nämlich diese Aktivitäten zu bündeln, war damals höchst problematisch. Das lag nicht an der Sache, sondern an den handelnden Personen. 1990 hat dann doch der Zusammenschluß stattgefunden.

Auch wenn Sie damals nicht mehr an vorderster Front für den SIV in Erscheinung traten, so wirkten Sie sehr wohl im Hintergrund. Ich konnte bei meinen Bemühungen, die Zusammenführung der Arbeitgebervereinigung und des SIV auf vernünftige und faire Weise zu erreichen, auf Ihre Unterstützung zählen. Das habe ich damals noch nicht einmal öffentlich machen können, ohne das Projekt zu gefährden. Um so mehr freue ich mich darüber, das nun auf diese Art und Weise nachholen zu können.

Inzwischen haben wir einen weiteren gemeinsamen Tätigkeitsbereich, die Bildungseinrichtungen, die saarländischen politischen Stiftungen. Das ist bei Ihnen seit ganz vielen Jahren die Union Stiftung, bei mir seit einigen Jahren die Villa Lessing, die liberale Stiftung Saar. Und auch hier habe ich erlebt, wie Sie verdienstvoll und effizient arbeiten und dabei liebenswürdig und bescheiden auftreten.

Lieber Herr Schlehofer, Ihr Lebensweg begann nicht im Saarland, sondern in Bochum. Ich wuchs in Bremen auf und kam mit dem Studium ins Saarland. Das ist nun schon über 40 Jahre her, so daß ich mich inzwischen als „drunnergemudschelt" begreifen darf. Sie haben nicht nur fast 60 Jahre im Saarland verbracht, Sie sind eine saarländische Institution geworden.

Ich bin froh, einen Teil des Weges mit Ihnen gemeinsam gegangen sein zu dürfen.

Mit herzlichen Grüßen

Ihr

Jütte

Harald Barth

Lieber Herr Schlehofer,

am 17. Februar 2005 vollenden Sie Ihr 90. Lebensjahr. Dies ist mir ein willkommener Anlass, mich noch einmal der Jahre unserer Zusammenarbeit im Saarländischen Industriellenverband zu erinnern.

Als ich im Jahre 1973 zum Nachfolger von Herrn Dr. Schluppkotten in das Amt des Präsidenten gewählt wurde, war es für mich schon eine große Beruhigung, in Ihrer Person einen versierten Fahrensmann an meiner Seite zu wissen, dem die wirtschaftspolitischen Probleme unseres Landes seit vielen Jahren vertraut waren, und von dem ich wusste, dass er über das notwendige Verhandlungsgeschick verfügte, um die unterschiedlichen Interessen der Einzelverbände zu koordinieren und dem der Gesamtindustrie unterzuordnen.

Die wirtschaftliche Situation der 70er Jahre war gekennzeichnet durch einen drastischen Anstieg des Rohölpreises, was beispielsweise Frankreich veranlasste, den Wechselkurs seiner Währung freizugeben. Die damit verbundene Abwertung des französischen Frankens führte in der Folge zu einem Einbruch der französischen Exporte und damit im Hinblick auf die starke Abhängigkeit der Saarwirtschaft von Frankreich-Exporten zu einer empfindlichen Schwächung einer unserer wichtigsten Konjunkturstützen. Die von der Bundesregierung im Rahmen eines Konjunkturförderungsprogrammes beschlossene 7,5%-Investitionsprämie löste wegen ihrer zeitlichen Befristung – wie vorauszusehen war – eher einen Mitnahmeeffekt aus, als dass sie die gewünschte Initialzündung für eine Konjunkturbelebung gebracht hätte.

In der Überzeugung, dass eine aktive Mittelstandspolitik zur Lösung der anstehenden regionalen Probleme wirkungsvoll beitragen kann, setzten Sie hier die entsprechenden Schwerpunkte in der Verbandsarbeit. Dank Ihrer guten persönlichen Beziehungen zu den politischen Entscheidungsträgern konnten Sie dann auch einiges bewegen. So gelang es Ihnen, zahlreiche Vorstellungen der gewerblichen Wirtschaft in den Regierungsentwurf für ein saarländisches Mittelstandsförderungsgesetz einfließen zu lassen. Von regionalpolitischer Bedeutung war auch Ihre erfolgreiche Bemühung bei der von der saarländischen Industrie favorisierten und geförderten Gründung des Instituts für zerstörungsfreie Prüfverfahren der Fraunhofer-Gesellschaft, die nachweislich eine Standortaufwertung unserer Region mit sich brachte.

Auf gesellschaftspolitischem Gebiet dominierte neben unserem ständigen Bestreben, das Unternehmerbild in der Öffentlichkeit ins rechte Licht zu rücken, die Diskussion zur Mitbestimmung und Vermögensbildung. Ich erinnere mich hier an ein Gespräch mit Arbeitgeberpräsident Schleyer und dem Dominikaner Basilius Streithofen, das ausschließlich diesen Themen gewidmet war und mich tief beeindruckt hat.

Lieber Herr Schlehofer, ich habe zu danken für die gemeinsamen Jahre, die im Rückblick für mich erfüllte und glückliche Jahre waren. Aus unserer stets angenehmen und vertrauensvollen Zusammenarbeit erwuchs eine persönliche Freundschaft, in die wir auch unsere Familien mit eingeschlossen haben. Dafür danke ich Ihnen ganz besonders. Meine Frau und ich gratulieren Ihnen sehr herzlich zu Ihrem „großen" Geburtstag. Wir wünschen Ihnen vor allem gute Gesundheit und viel Glück im neuen Dezennium und grüßen Sie und Ihre verehrte Gattin

Ihr Harald Barth

Luitwin Gisbert von Boch

Hochverehrter, lieber Herr Schlehofer!

Wenn Sie am 17. Februar 2005 Ihr 90. Lebensjahr vollenden, werden viele Freunde an Sie denken.

Meine Mutter, meine Frau und ich möchten Ihnen zu diesem denkwürdigen Tag unsere herzlichsten Glück- und Segenwünsche aussprechen.

Wenn ich versuche, die vielen Jahrzehnte, die wir uns kennen, zu überdenken, dann spult ein Film ab mit einem erfüllten Leben, wie es es nur selten gibt.

Franz Schlehofer: der Politiker, der Diplomat und der Kultursachverständige. Es gibt eigentlich wenige Facetten eines bewegten Lebens, die Sie nicht abgedeckt haben.

Schon im Vorwort zur Verfassung des Saarlandes 1947 sprachen Sie von der europäischen Vision. Unsere Nachkriegsgeneration, vor allem aber die damals jungen Saarländer, sind mit dieser Europa-Idee großgeworden, welche Sie in Ihren sehr kreativen Jahren 1947 bis 1959 an den verschiedensten Stellen immer wieder kundtaten. Wir konnten uns die Spannungsverhältnisse Deutschland/Frankreich, die zu den unseligen Kriegen führten, gar nicht mehr vorstellen. Sie sind für die Pufferfunktion des Saarlandes zwischen Deutschland und Frankreich eingetreten. Aus den Erzählungen meines Vaters, der mit Ihnen zusammen bei der Erarbeitung des Saar-Vertrages intensiv mitgearbeitet hatte, weiß ich, wie wichtig Sie, aber auch viele andere Saarländer, die Wirtschaftsunion mit Frankreich angesehen haben.

Ich erinnere mich an so manche Besuche, die Sie in meinem Elternhaus abstatteten – entweder mit Johannes Hoffmann oder Franz-Josef Röder und anderen Persönlichkeiten.

Natürlich war bei uns zuhause auch vor der Saarabstimmung Wert auf die europäische Stellung unseres Landes gelegt worden. Einen jungen Menschen wie mich beeindruckte natürlich der Wahlkampf vor der Abstimmung.

Sie haben als Mitglied der Einigungskommission maßgeblich mitgeholfen, daß es dann zwischen CVP und der CDU zu einer Einigung kam. Wenn man heute die Entwicklung Europas betrachtet, lagen die damals abgestempelten „Separatisten" gar nicht so falsch.

Ihre Kontakte nach Paris und Bonn haben in Ihrem Leben eine große Rolle gespielt und auch dazu beigetragen, daß Sie zum Geschäftsführer des Saarländischen Industriellen-Verbandes gewählt wurden.

Auch hier haben Sie in großem Maße mitgewirkt, daß die Saar-Industrie soviel wie möglich von der französischen Wirtschaftsunion profitierte, ohne aber den Anschluß – erst recht nach der Wiedervereinigung mit Deutschland – zu verlieren.

Als ich 1969 von Norddeutschland ins Saarland zurückkam, führten uns unsere Wege natürlich viel intensiver zusammen. Ich habe immer Ihre Fairness – auch den anders Denkenden gegenüber –, Ihre Loyalität zum Präsidium und Ihre Sachkenntnisse bis hin zum Detail in hohem Maße geschätzt.

Als Mitglied des S.I.V. weiß ich, wie glücklich wir sein konnten, gut vorbereitet von Ihnen in unsere Diskussionsrunden zu gehen.

Als heutiger stellvertretender Vorsitzender der V.S.U. weiß ich natürlich genau, wie wichtig Ihr Einfluß bei der Zusammenlegung von S.I.V. und der Vereinigung der Saarländischen Arbeitgeberverbände war. Das war damals eine „Schwergeburt", und wer die Verhandlungen mitgemacht hat, weiß, wie sehr Herr Dr. Reis und wir auf Ihre Unterstützung zählen konnte und wie sehr Sie sich selbst noch im Hintergrund engagiert haben.

Es ist müßig, Ihre Tätigkeit in den verschiedensten Gremien des Saarlandes aufzuführen. Das können andere, die es hautnah erlebt haben, viel besser.

Ihre ausgleichende Persönlichkeit und Ihr Geschick haben jedenfalls sehr stark die Geschicke unseres Landes geprägt. Lassen Sie mich Ihnen deshalb an Ihrem 90. Geburtstag noch einmal die Wertschätzung unserer Familie zum Ausdruck bringen und Ihnen ein großes Dankeschön sagen für alles, was Sie für das Saarland, das deutsch-französische Verhältnis und für Europa getan haben.

Luitwin Gisbert von Boch

Wir wünschen Ihnen für die vor Ihnen liegenden Jahre eine gute Gesundheit und viel Freude an Ihrer Familie und an den Dingen, zu denen Sie sehr oft das Samenkorn gelegt haben.

Herzliche Grüße

Roland de Bonneville

Sehr geehrter Herr Schlehofer,

zu Ihrem 90. Geburtstag möchte ich Ihnen hiermit meine herzlichen Glückwünsche aussprechen. Ich hoffe, dass Sie diesen Tag mit lieben Menschen und bei guter Gesundheit verbringen können.

Das „gesegnete Alter" – wenn ich mir diese Formulierung erlauben darf –, welches Sie erreicht haben, lässt Gedanken an vergangene Zeiten in das Gedächtnis zurückkehren, die eine Epoche betreffen, in der noch Wegmarken in die Zukunft gesetzt und Weichen neu gestellt wurden. Nichts war so fest gefügt wie heute. Insbesondere gilt das auch für das Saarland, in dem die Folgen des Krieges sehr deutlich erkennbar waren.

Diese Periode der saarländischen Nachkriegszeit ist mit Ihrem Namen verbunden. Jeder, der die damalige Zeit erlebt hat oder sich dafür heute interessiert, weiß das. Mir ist in Erinnerung, dass Sie, sehr geehrter Herr Schlehofer, damals – auch nach der Saarabstimmung im Jahre 1955 – eine auf der Grundlage von Gerechtigkeit und Partnerschaft orientierte Haltung gegenüber Deutschen wie Franzosen vertreten haben. Damit haben Sie zu Verständigung und Vertrauensbildung erheblich beigetragen. Diese allseits respektierte Haltung war schließlich mit eine Voraussetzung dafür, dass Ihnen im Saarland später das Vertrauen entgegengebracht wurde, um im Verbandswesen eine verantwortliche Position als Geschäftsführer des Industriellenverbandes zu übernehmen. Diese Zeit Ihrer Tätigkeit ist nicht vergessen, auch heute – im Rückblick – erscheint sie mir inhaltsreich und zuweilen idealistisch im guten Sinne. Ich möchte mir diese Bewertung anlässlich Ihres 90. Geburtstages erlauben, zumal ich selbst in der „Verbandslandschaft" an der Saar bereits lange tätig bin und daher diesen Bereich beobachten und seine Entwicklung verfolgen konnte.

Ich hoffe, sehr geehrter Herr Schlehofer, dass Ihnen Gesundheit und geistige Frische noch lange erhalten bleiben.

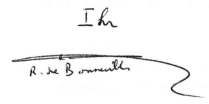

Hans-Josef Hoffmann

Sehr geehrter, lieber Herr Schlehofer,

vor rund dreißig Jahren habe ich Sie kennen gelernt und erstmals persönlich gesehen. Ich kam damals als junger Mann in den Vorstand der ehemaligen Saar Bank, Sie waren zu dieser Zeit Mitglied des Aufsichtsrates dieser Bank und „selbstverständlich" Mitglied des Präsidiums dieses Aufsichtsrates. Ihnen eilte der Ruf eines strategischen Kopfes und einer grauen Eminenz voraus und, siehe da, beides hat sich auch bestätigt.

Über die Stufen Kompetenz, Achtung und Vertrauen hat sich in den vielen Jahren guter Zusammenarbeit eine Art Freundschaft entwickelt.

Stets, lieber Herr Schlehofer, habe ich Ihre zurückhaltende Art bewundert. Sie haben sich nicht in den Vordergrund gedrängt, um die jeweils anstehenden Probleme auf der Bühne oder vor großem Publikum zu diskutieren und zu lösen. Sie haben die Personen, gerade wenn Sie unterschiedlicher Meinung waren, eingebunden, Ihre Beharrlichkeit und Diplomatie eingesetzt und meistens durchgesetzt, was Sie für richtig bzw. rechtens hielten. Sie wären mit Sicherheit auch ein guter Spitzendiplomat geworden, denn Zusammenführen war Ihre Devise, nicht Trennen.

Ich habe Sie, lieber Herr Schlehofer, fast immer in zwei Situationen erleben können: erstens in Gremiensitzungen.

Hier reichte oft Ihre schiere Präsenz schon aus, Konflikte zu vermeiden, Streithähne zu besänftigen oder die Diskussion in die richtigen Bahnen zu leiten. Falls nötig, haben Sie sich auch nicht gescheut, Ihre Meinung leise im Ton, aber sehr pointiert und bestimmt vorzutragen. Zweitens: In vielen persönlichen Gesprächen zu sehr unterschiedlichen Themen habe ich Sie stets gut vorbereitet, meinungsbildend, freundlich und behutsam im Umgang und konzeptionell erlebt. Eigene negative Erinnerungen? Kaum! Oder doch! Einmal haben Sie mir – erinnern Sie sich noch – deutlich Ihre Meinung gesagt und mir kräftig den Kopf gewaschen – was mich nachhaltig beeindruckt hat!

Lieber Herr Schlehofer: Sie feiern Ihren neunzigsten Geburtstag. Viele gute Wünsche werden Sie an diesem Tag erreichen. Ich hoffe, daß ein Großteil in Erfüllung gehen wird. Ich schließe mich persönlich und von Seiten der Bank 1 Saar all diesen guten Wünschen an. Wir hoffen insbesondere, daß Sie noch etliche Jahre bei ordentlicher Gesundheit erleben können. – Sie werden auch weiterhin gebraucht.

Herzliche Glückwünsche

Ihr

ZEITUNG

Verlagshaus der Saarbrücker Zeitung

Dieter von Holtzbrinck

Lieber Herr Schlehofer,

zu Ihrem großen Geburtstag gratuliere ich Ihnen von Herzen. Ich wünsche Ihnen weiterhin stabile Gesundheit, Freude mit Familie und Freunden und interessante Tätigkeiten. Das heißt, viel Glück und Segen bis zum nächsten doppelrunden Jubeltag.

Wir lernten uns kurz nach der Reprivatisierung der Saarbrücker Zeitung (SZ) vor 34 Jahren kennen. Schnell wurden Sie mir zum wichtigsten Ratgeber bei der Erforschung der saarländischen Seele. Sie haben – unwissentlich – wesentlich dazu beigetragen, dass ich selbst in turbulenten SZ-Zeiten immer hoffnungsvoll, optimistisch und gerne nach Saarbrücken fuhr.

In den Aufsichtsgremien der SZ, denen Sie seit 1969 angehörten, waren Sie, unter anderem, ein von allen Seiten hochgeschätzter Vermittler zwischen den Gesellschaftern. So entwickelte sich ein enges Vertrauensverhältnis zwischen Ihnen, meinem Vater, Herrn Schoenicke und mir. Doch galt Ihre Loyalität nicht nur uns, den fremdländischen „Stuttgartern", sondern zum Wohle des Unternehmens allen Gesellschaftern, insbesondere auch den Mitarbeitern der SZ-Gruppe.

Genauso souverän und objektiv wie Sie der SZ dienten, haben Sie – wie ich immer wieder hörte – die Union

Stiftung hoch erfolgreich geführt und in der Fördergesellschaft agiert. Das brachte Ihnen, dem Nicht-Saarländer, höchsten Respekt ein; Sie wurden zu einer gerne konsultierten, unangreifbaren Instanz im Lande. Nicht des Lobes, sondern der Wahrheit wegen sei angeführt, dass sich Ihre bewunderte Persönlichkeit aus Klugheit und Bescheidenheit, Diplomatie und Standfestigkeit, Unabhängigkeit und Menschlichkeit zusammensetzt und, nicht zu vergessen, Ihrem Humor und Ihrer Lebensfreude.

Ich wünsche mir, dass ich noch oft mit Ihnen, dem hochgeschätzten väterlichen Freund, zusammen sein kann. Nochmals alles erdenklich Gute!

Werner Schoenicke

Lieber Herr Schlehofer,

je höher sich die Jahre türmen – die zusammen ein Leben ausmachen –, um so mehr neigt man dazu, Inventur zu machen. Ereignisse und Bilder verblassen. Andere wiederum sind plötzlich wieder da und setzen eine ganze Skala von Gefühlen und Erinnerungen in Bewegung.
1969 – unsere erste Begegnung in Ihrem Büro in Saarbrücken. Mir wurde, lieber Herr Schlehofer, Ihr Name genannt als kenntnisreiche und einflussnehmende Persönlichkeit im Saargebiet. Als Vertreter der Verlagsgruppe Georg von Holtzbrinck, die sich um den Erwerb der Saarbrücker Zeitung bemühte, kam ich zu Ihnen, suchte Rat, Adressen, Ansprechpartner. Sie gaben Hinweise.
Wir trafen uns nach dieser ersten Begegnung öfters, erkundigten uns gegenseitig nach unseren Familien, Kindern, Berufswege – es entstand eine freundschaftliche Beziehung.

Die Verhandlungen mit den maßgeblichen Regierungsmitgliedern des Saarlandes führten zu einer 49prozentigen Übernahme der Saarbrücker Zeitung. Bis zum heutigen Tag sitzen Sie als Mitglied des Aufsichtsrates auf unserer Bank; unverzichtbar mit Ihren Erfahrungen im Verlagsausschuss. Berufenere mögen Ihre Verdienste würdigen.

Werner Schoenicke

Auch wenn wir uns bei den Sitzungen in den späteren Jahren nicht mehr trafen – ich schied 1995 aus dem Aufsichtsrat aus –, wir spüren unsere Nähe. Dafür bin ich Ihnen über 35 Jahre dankbar und hoffe, es noch lange sein zu können.

Mit den allerherzlichsten Grüßen an Sie und Ihre verehrte Gattin und vielen guten Wünschen zu Ihrem Ehrentag.

Ihr

Arno Mahlert

Lieber Herr Schlehofer,

als ich 1988 als 41-jähriger Jungmanager bei Holtzbrinck in den Aufsichtsrat der Saarbrücker Zeitung gewählt wurde, da konnten Sie bereits aus der Fülle eines so fruchtbaren und reichen (Arbeits-) Lebens schöpfen. Sechzehn Jahre durfte ich bisher mit Ihnen in diesem Gremium arbeiten, mehr als die Hälfte davon auch im Verlagsausschuss. Dass wir dort immer nebeneinander sitzen – wenn ich nach Ihnen komme weisen Sie mir den Platz an Ihrer Rechten zu –, ist äußeres Zeichen einer innerer Verbundenheit, für die ich zutiefst dankbar bin.

Wir sahen uns nicht nur bei diesen Sitzungen, sondern häufig auch zwischendurch und besprachen neben den Angelegenheiten des Unternehmens oft auch sehr persönliche Dinge.

Meine Bewunderung für Sie hat ihre Wurzeln in der Kraft Ihres leisen Wortes, das aus großer Lebens- und Berufserfahrung und aus Ihrer wachen Klugheit entspringt. Sehr schnell merkte ich, dass Sie eine der leider so seltenen Persönlichkeiten des öffentlichen und Wirtschaftslebens sind, deren nachhaltige Wirkung sich auf Glaubwürdigkeit und Unabhängigkeit gründet. Die Kraft dazu schöpfen Sie aus dem christlichen Glauben.

Lange bevor der Shareholder Value seine inzwischen welken Blüten trieb, formulierten Sie in einer Ihrer großen Reden (1980): „Heute geht es um eine Synthese von Unternehmens- und Gesellschaftspolitik. Die Entdeckung der Qualität des Lebens als verlangtes Wirtschaftsziel ist ja nichts anderes als die späte Erinnerung an jene immateriellen Werte, die durch die Wirtschaft mitverwirklicht werden sollen."
Ihre Werte und Ihre Glaubwürdigkeit schaffen Vertrauen, und so konnten wir gemeinsam manche Hürden abbauen zwischen Gesellschaftern, zwischen Anteilseignern und Arbeitnehmern zum Wohle der Saarbrücker Zeitung. Nicht zuletzt die Weiterentwicklung der Gesellschafterstruktur und der Abschluss des Ergebnisabführungsvertrages im letzten Jahr waren Früchte dieser Arbeit, die allen Beteiligten zugute kamen.
Lieber Herr Schlehofer, Ihr Wirken vervielfältigt sich in dem Gepräge und den Bestätigungen, die Sie so vielen Menschen mit auf ihre Wege gegeben haben. Ich bin sehr dankbar für diese Ansteckungen.
Freuen Sie sich an Ihrem Neunzigsten, zu dem ich von Herzen gratuliere, über die Fülle dieser guten Jahre, und auch nach diesem Meilenstein bleibe Gott bei Ihnen mit seinem Segen.

In freundschaftlicher Verbundenheit

Thomas Rochel

Sehr verehrter, lieber Herr Schlehofer,

als ich Sie im Jahr 1999 bei meinem Dienstantritt bei der Saarbrücker Zeitung kennenlernte, waren Sie Vorstandsvorsitzender der Union Stiftung e.V. und Mitglied des Verlagsausschusses und Aufsichtsrates der Saarbrücker Zeitung Verlag und Druckerei GmbH. Kurz gesagt: einer meiner wichtigsten Ansprechpartner im Gesellschafterkreis.

Als Zeitzeuge und Mitgestalter der neuzeitlichen Geschichte des Saarlandes und der Saarbrücker Zeitung waren Sie mir in meiner Anfangszeit bei der Saarbrücker Zeitung und bei der Übernahme des Vorsitzes der Geschäftsführung im Jahr 2000 bis heute stets ein wertvoller Ratgeber. Ihre wohlwollende väterliche Art hat mir insbesondere in schwierigen Phasen des Strukturwandels Mut und Zuversicht gegeben.

Auch nach Übergabe Ihrer Ämter bei der Union Stiftung e.V. und der heutigen Gesellschaft für staatsbürgliche Bildung Saar an Herrn Professor Warnking blieben Sie der Saarbrücker Zeitung als „ruhender Pol" im Aufsichtsrat und Verlagsausschuss erhalten. Ihre Sachlichkeit, Ihre Kraft und Disziplin habe ich stets bewundert. Es ist für mich eine große Ehre und ein besonderes Glück, dass ich Sie ein Stück auf Ihrem politischen und beruflichen Weg begleiten und Ihren Rat genießen durfte.

Zu Ihrem 90. Geburtstag gratuliere ich Ihnen von ganzem Herzen.

Mit herzlichen Grüßen

Ihr
Thomas Rochel

RUNDFUNK

Saarländischer Rundfunk, Schloß Halberg

Fritz Raff

Sehr geehrter, lieber Herr Schlehofer,

als ich 1990 zum Saarländischen Rundfunk kam und Sie kennenlernen durfte, hatten Sie bereits ein Vierteljahrhundert erfolgreiche Gremienarbeit bei unserem Landessender hinter sich. Schon 1966 waren Sie als Geschäftsführer des Saarländischen Industriellenverbandes und der hiesigen Sektion des Bundesverbandes der Deutschen Industrie als Stellvertretendes Mitglied in den Rundfunkrat gewählt worden. 1971 dann wurden Sie in Würdigung Ihrer beruflichen Tätigkeit und Ihrer zahlreichen Engagements in der Wirtschaft und in den Medien Saarländischer Rundfunk und Saarbrücker Zeitung in den Verwaltungsrat des Senders berufen, dem Sie dann bis zum Frühjahr 1992 angehörten.

Bereits ein Jahr nach Beginn Ihrer Mitgliedschaft in diesem wichtigen Gremium wurden Sie zum Vorsitzenden gewählt. An der Spitze des Verwaltungsrates des Saarländischen Rundfunks beeinflussten Sie in den folgenden 16 Jahren bis 1988 maßgeblich die verantwortungsvolle Gremienarbeit und die Zusammenarbeit mit Gründungsintendant Dr. Franz Mai und seinem Nachfolger Prof. Dr. Hubert Rohde. In diesen für die Zukunft des Senders wichtigen Jahren, in denen es auch schon um den Fortbestand unserer Landesrundfunkanstalt und des öffentlich-rechtlichen Rundfunks nach dem Start des kommerziellen Fernsehens ging, bewiesen Sie dank Ihres großen Erfahrungsschatzes in Politik und Wirtschaft viel Fingerspitzengefühl und Verständnis bei der Lösung der Probleme innerhalb und außerhalb des Hauses. Der Saarländische Rundfunk ist Ihnen zu großem Dank verpflichtet, weil Sie stets das Wohl des Senders im Auge behielten. Bei den Sitzungen der Gremienvorsitzenden der föderal organisierten ARD setzten Sie sich als Vertreter einer kleinen Anstalt stets mit viel Engagement und diplomatischem Geschick für die berechtigten Anliegen des Saarländischen Rundfunks ein.

Sie selbst haben an Ihrem 60. Geburtstag Ihren Einsatz für den Sender sowie die Ziele Ihrer Gremienarbeit so formuliert: „Woran mein Herz bei den verschiedenen Tätigkeiten aber ebenso hängt, ist der Saarländische Rundfunk. Ich halte ihn für unverzichtbar für die Darstellung unseres Landes, für die kulturellen und geistigen Austauschbeziehungen nach Frankreich und nicht zuletzt dafür, um bei aller gebotenen Sparsamkeit den geistigen und kulturellen Kräften unseres Landes im eigenen Lande Gestaltungsmöglichkeiten zu geben und zu sichern."

Danach haben Sie stets gehandelt und sich damit für den öffentlich-rechtlichen Saarländischen Rundfunk und für seine Wirtschaftsgesellschaften stets als verlässliches Gremienmitglied, als Partner und als Freund erwiesen.

Fritz Raff

Auch als Stellvertretender Vorsitzender des Verwaltungsrates und als Stellvertretender Aufsichtsratsvorsitzender der Tochtergesellschaften des SR sind Sie in den Jahren 1988 bis zu Ihrem Ausscheiden 1992 Ihrer Aufgabe, Ihrer Haltung dem Sender und seinen Mitarbeiterinnen und Mitarbeitern gegenüber treu geblieben. Diese Erfahrungen machte mein Vorgänger Dr. Manfred Buchwald und schließlich auch ich als damaliger Verwaltungschef des Hauses.

Lieber Herr Schlehofer, so wie Sie als gebürtiger Bochumer so wurde auch ich zu einem Saarländer aus Überzeugung. Und dazu haben Sie über Ihre verdienstvolle Tätigkeit in den SR-Gremien hinaus auch bei persönlichen Begegnungen und Gesprächen maßgeblich beigetragen. Von Ihnen habe ich wichtige Eckpunkte der Geschichte dieses liebenswerten Bundeslandes, vor allem über die Zeit vor der kleinen Wiedervereinigung erfahren. Für mich waren Sie ein Augen- und Zeitzeuge, der mir wichtige Einblicke vergönnt hat und der auch für den SR und seine Programme stets unverzichtbar geblieben ist. Der Saarländische Rundfunk wünscht Ihnen noch viele Jahre in guter Gesundheit.

In herzlicher Verbundenheit

Hubert Rohde

Lieber Franz,

zur Vollendung Deines 90. Lebensjahres spreche ich Dir im Namen unserer Familie und in eigenem Namen die herzlichen Glückwünsche und Segenswünsche aus.

Ich bin heute 75 Jahre alt, Du 90. Kennengelernt haben wir uns vor 40 Jahren. Der Altersunterschied von 15 Jahren, der zwischen uns besteht, war aus meiner Sicht nie ein Nachteil, eher ein Vorteil. Von frühester Jugend an war ich gewohnt, mit älteren Menschen umzugehen: meine Eltern waren Anfang 40 als ich geboren wurde und vier meiner fünf Geschwister waren älter als ich. Ich hatte Vettern und Basen, die zwei Jahrzehnte älter waren als ich. Ich will damit sagen, dass ich gern mit Menschen zu tun habe, die über mehr Erfahrung als ich sie habe, verfügen. Menschen von denen ich lernen kann, weil deren Urteil ausgewogener, reifer ist.

Unsere Bekanntschaft hat zu manchen Gesprächen geführt, wir fanden bald vielfältige Übereinstimmungen in unseren Überzeugungen, so dass unsere Bekanntschaft sich durch Dauerhaftigkeit und Beständigkeit auszeichnete.

Die persönliche Sympathie, die wir auf dieser Grundlage füreinander empfanden, führte zu dauerhafter Freundschaft. Es gab dann eine Zeitspanne in der wir uns regelmäßiger als zuvor begegneten, ich war Mitglied des Programmbeirats des Saarländischen Rundfunks, du warst Mitglied des SR-Verwaltungsrates, später dessen Vorsitzender. Unsere weitgehend deckungsgleiche Überzeugung über die Ziele des öffentlich-rechtlichen Rundfunks, seines Kultur- und Informationsauftrags unserer Gesellschaft gegenüber, erfüllte das Verlangen nach Verstehen und Ergänzen durch das Mittel der Freundschaft.

In den vier Jahrzehnten des Bestehens unserer Freundschaft habe ich erfahren, dass der in Freundschaft mit einem anderen Verbundene nie das Vertrauen missbrauchen würde indem er das unmittelbar gemeinsame einem Außenstehenden anvertrauen würde, denn die Freundschaft hat eine besondere seelische Tiefe. Freunde können sich unbedingt aufeinander verlassen. Wenn der Freund gebraucht wird, dann kommt er.

Diskretion und Respekt sind konstitutive Elemente der Freundschaft. Immanuel Kant stellt die Achtung heraus, die jene Distanz in der Freundschaft möglich werden lässt, die zur Respektierung der Personalität des anderen notwendig ist.

Lieber Franz, ich danke Dir für das Geschenk der Freundschaft!

Manfred Buchwald

Sehr geehrter, lieber Herr Schlehofer,

als ich „aus gewöhnlich gut unterrichteten Kreisen" (Journalistendeutsch) auf den 17. Februar 2005, mithin auf Ihren 90. Geburtstag, aufmerksam gemacht wurde, war meine erste Reaktion ungläubiges Erstaunen: wirklich neunzig Jahre?
Da tauchten in meiner Erinnerung Bilder unserer letzten Begegnung auf.
Nach einem Kuraufenthalte in Bad Wörishofen machten Sie vor einiger Zeit mit Ihrer Frau auf dem Rückweg nach Saarbrücken eine kurze Zwischenlandung in unserem Haus im oberbayerischen Pfaffenwinkel.
Ich sehe Sie noch behende ins Auto einsteigen und winkend losfahren. Hätte damals jemand behauptet, sie seien ein Mann auf dem Weg ins 90. Lebensjahr, so hätte ich Wetten dagegen gehalten.

Nun aber ist es heraus: Franz Schlehofer ist wirklich 90 – hineingeboren in ein noch junges 20. Jahrhundert, in den Ersten Weltkrieg und in ein Jahrhundert der schrecklichsten Kriege, unfaßbarer Verbrechen und Vernichtungen, grausamster Diktaturen und rabiatester Ideologien.
Aber auch in eine Epoche größter und weitestreichender Entdeckungen und Aufbauleistungen. Eine von ihnen, die Sie

und mich zusammengeführt hat, ist fast genau so alt wie Sie. Der drahtlose Sprechfunkverkehr wurde in einem blutigen Labor erprobt – in den Schützengräben des Weltkrieges. Daraus entstand 1923 – Sie waren gerade acht Jahre alt – der allgemeine öffentliche Rundfunk, der allerdings wie so viele Entdeckungen des zwanzigsten Jahrhunderts nach kurzer Freiheitsblüte in den Griff der Politik geriet und zum Instrument perverser Machtanmaßung verkam.

Die Sendemedien machten es erstmalig möglich, Raum und Zeit zu überwinden und eine weltumspannende Kommunikation zu entwickeln. Aber schon ab 1933 in Deutschland (und seither immer wieder und in allen Teilen der Welt) wurden sie Entmündigung der Menschen und dazu mißbraucht, ganze Nationen und Machtblöcke in hysterische Raserei zu versetzen.

Das „Nie Wieder!" nach 1945 meinte nicht nur Krieg und Zerstörung, Vertreibung und Massenmord, sondern auch den Medienmißbrauch für Ideologien und Partikularinteressen.

Der Rundfunk, dessen Rechte und Pflichten zunächst durch die Siegermächte und schließlich durch deutsche Gesetze und Staatsverträge festgelegt waren, sollte nunmehr ein freiheitliches, der demokratisch-pluralen Gesellschaft insgesamt verpflichtetes, durch sie veranstaltetes, finanziertes und durch sie auch kontrolliertes Medium der sozialen Kommunikation sein.

Repräsentanten „gesellschaftlich-relevanter Gruppen" hatten in parlamentsähnlichen Gremien die Einhaltung der rechtlichen, ökonomischen und publizistischen Vorschriften zu überwachen. Just in diesem sensiblen Bereich überschnitten sich unsere „Gravitationsfelder".

Sie, Herr Schlehofer, gehörten als langjähriges Mitglied der Aufsichtsgremien des Saarländischen Rundfunks zu meinen „Aufsehern" und waren als erfahrenes Mitglied des SR-Verwaltungsrates einer meiner wichtigsten Berater. Ich war der für diese Anstalt rechtlich allein verantwortliche Intendant.

Meine fast achtjährige Tätigkeit auf dem Halberg war ganz und gar nicht konfliktfrei. Ich war schließlich nicht als „Idyllenpfleger", sondern als Chef eines Senders gewählt worden, der (damals) mehr als achthundert festangestellte sowie mehrere hundert freiberufliche Mitarbeiter beschäftigte, einen Jahresetat von fast einer Viertelmilliarde DM bewirtschaftete und somit eines der bedeutendsten Unternehmen des Landes darstellte. So etwas läuft naturgemäß nicht „von selbst" und ohne jegliche „Schleifspuren", und es ist nicht zu leiten ohne die Unterstützung durch (zumindest einige) wohlwollende und kompetente Persönlichkeiten, die unter „Kontrolle" nicht die rechthaberische Fahndung nach dem „Haar in der Suppe" verstehen sondern eine Verpflichtung gegenüber der gemeinsamen Aufgabe.

In Ihrem langen Leben, lieber Herr Schlehofer, war die Zusammenarbeit mit mir nur eine zeitlich kurze Episode, die gleichwohl bestimmt war durch ein wechselseitiges „Urvertrauen", vor allem in immer wieder neuen und andersartigen Konfliktsituationen innen- oder außenpolitischer Genese. Dafür möchte ich Ihnen bei dieser Gelegenheit herzlich danken.

Das Vertrauensverhältnis, das unseren Umgang über die Jahre hin bruchlos ausgezeichnet hat, bedurfte keiner großen Gesten und Demonstrationen, keiner Umarmungen, nicht einmal des vertrauten „Du". Es war einfach da und trug über Klippen hinweg.

Ich konnte ja immer „einfach mal den Schlehofer fragen", was ja – wie Sie sich erinnern werden – auch ein paar Mal geschah. Zu meinem Nutzen und zu dem des Instituts SR, dem wir beide verbunden waren.

Bei solchen Konsultationen und Begegnungen habe ich vor allem Ihre Fähigkeit bewundert, zuhören zu können. Und Ihre Geduld – vor allem dann, wenn dem Jüngeren die Gäule von Frust und Ärger durchzugehen drohten.

Ich gebe zu, dass ich Sie um diese souveräne Ruhe zuweilen beneidet habe, und ich gestehe auch, dass ich bis heute nicht sagen kann, warum unter den vielen Menschen, denen ich im Saarland begegnet bin, Sie mir – wie nur wenige – in ungetrübter, lebendiger Erinnerung sind.

Man könnte spekulieren: liegt es an unserer gemeinsamen Abkunft aus dem Ruhrgebiet? Oder daran, dass wir beide in gewissere Phasen unseres Berufslebens durch schwere

Wetterlagen segeln mußten, in denen sich (vermeintlich) gute Freunde davon machten und Sie oder mich allein ließen?

Oder ganz einfach daran, dass ich auf Umwegen von Menschen hilfreiche Unterstützung fand, die aus der „Schlehofer-Schule" kamen? Schließlich wollte es der Zufall ja, dass eine ehemalige Mitarbeiterin von Ihnen für acht Halberg-Jahre als Chefsekretärin meine liebenswürdige „Dompteuse" wurde und Ihr ehemaliger Fahrer über eine halbe Million Kilometer mein Fortkommen gesichert hat. Vielleicht war ich ja so in eine Art „Schlehofer-Familie" aufgenommen worden.

Wie dem auch sei. Es macht den Reiz des Lebens aus, dass es – wie lange es auch währen mag – immer noch Fragen offen hält und hin und wieder – wie bei diesem „runden" Geburtstag – einen Blumenstrauß der Sympathie mit vielen eingeflochtenen guten Wünschen auf die Reise schickt. Vom Fuß der Alpen ins schöne Saarland, und nicht zuletzt auch an Ihre liebe Frau.

Hermann Fünfgeld

Lieber Herr Schlehofer,

integer vitae – scelerisque purus haben die Alten einen Menschen genannt, der kraft seiner Persönlichkeit eine ebenso große Ausstrahlung hatte wie eine Gradlinigkeit, die auf ihn aufmerksam machte. Es war der Respekt vor dem Gemeinwohl, der Einsatz für die *res publica*, die Haltung gegenüber seinen Freunden, die ihn auszeichnete und die ihm einen aufrechten Gang durch sein Leben erlaubte. Es waren diese Eigenschaften, die ich bei Ihnen vor mehr als vierzig Jahren kennenlernte und die sich seitdem bei mir eingeprägt haben.

Zunächst war es die freundschaftliche Verbundenheit im rotarischen Kreis, es zeigte sich in unserem unterschiedlichen, aber auf gegenseitige Achtung ausgerichteten Aufgabenbereich und Miteinander beim Saarländischen Rundfunk, Sie als Mitglied unserer damaligen Aufsichtsgremien, ich als junges Mitglied der Geschäftsleitung. Dazu gehörte auch die zufällige Nachbarschaft auf dem Rotenbühl und manche persönliche Begegnung, die daraus entstand, sei es in Ihrem gastlichen Haus, sei es im Garten am Kohlweg.

Dies alles und viele gute, offene und Vertrauen schaffende Gespräche nehme ich gerne zu Anlass, Ihnen aus langjähriger Verbundenheit sehr herzlich zum runden großen

Geburtstag zu gratulieren. Meine guten Wünsche mögen Sie begleiten und der Herrgott möge Ihnen noch viele Jahre in Gesundheit und Wohlergehen geben und Sie uns erhalten!

In Erinnerung bleiben die auffallenden Ereignisse aus der guten alten Zeit und die Nachwirkungen aus manchen Begegnungen. Zu schätzen hatte ich bei Ihnen Ihr erkennbares Eintreten für aktives politisches Handeln, für eine am Gemeinwohl orientierte Gesellschaft, für echtes soziales Engagement und für eine der Kultur verpflichtete publizistische Arbeit. Ihre Mitgliedschaft in den Aufsichtsgremien des Saarländischen Rundfunks zeigte diese guten Eigenschaften ebenso wie Ihr Einsatz für einen sicheren Platz für die älteren Mitbürger in freundlicher und gut betreuter Umgebung.

Aus den vielen Aktivitäten, die Sie auszeichnen und die ich zum Teil mit Ihnen aufbauen und zeitweise begleiten konnte, erwähne ich nur die Aufgabe im Rundfunk und im Saarbrücker Altenwohnstift.

Nach dem seinerzeit unerwarteten Rücktritt von Dr. Manfred Schäfer vom Vorsitz im Verwaltungsrat des Landessenders waren Sie ungewöhnlich rasch bereit, diesen Platz einzunehmen, das Gremium zu leiten und damit dem Sender Kontinuität und Stabilität zu geben und für lange Jahre einen gesicherten Aufbau zu garantieren. Ihre Bemühungen richteten sich nicht zuletzt auf die wichtigen

Hermann Fünfgeld

Verbindungen zu Frankreich und zu einer Festigung der deutsch-französischen Kulturbeziehungen. Eine Aufgabe, die bis heute Bestand hat und den Sender auszeichnet.

Eine andere menschendienliche Haltung habe ich ebenfalls in bester Erinnerung: Ihre Sorge um eine Generationen übergreifende Betreuung der älter werdenden Menschen. Das Saarbrücker Altenwohnstift am Eschberg wurde mit Ihrer Hilfe, Ihren guten Ratschlägen und Verbindungen zu einem Platz mit Vorbildfunktion für viele andere Einrichtungen.

Unerwähnt dürfen die vielen kleinen, unauffälligen, nicht für eine große Öffentlichkeit bestimmten Gemeinsamkeiten nicht bleiben. Wie häufig wurden gerade dabei Weichen für die Zukunft gestellt, die zielgerichtet bis heute erfolgreich waren.

Manche Erfahrungen habe ich aus gemeinsamen Arbeiten für meine spätere berufliche Tätigkeit genutzt und – ohne den Urheber zu nennen – umgesetzt. Ihre kompetente Sitzungsleitung, Pünktlichkeit und Ordnung im Ablauf, Klarheit und Achtung der unterschiedlichen Aufgabenstellung, Toleranz gebündelt mit notwendiger Entscheidungsfreude – und diese oftmals mit einem erkennbaren Schmunzeln bei allfälligen Lösungen.

Es waren gute, erfolgreiche und schöne Jahre. Ich habe einige davon in guter Zusammenarbeit mit Ihnen gerne mitgetragen und habe heute Gelegenheit, Ihnen dafür zu danken.

Gibt es einen besseren Gruß und Wunsch für ein solches Fest als: Glückauf für eine gute Zukunft in Gesundheit und Wohlergehen,

Ihr

Hermann Fünfgeld

Ulrich Hommes

Sehr verehrter, lieber Herr Schlehofer,

just in den Tagen, als die Einladung kam mit einem schriftlichen Gruß zu Ihrer Ehrung beizutragen, war auf Seite 1 vom „Wochenende" der Süddeutschen Zeitung in dicken Lettern zu lesen: „Die Zukunft des Fernsehens – bunt, laut, schamlos und ohne Hirn. Wir Armen" (28./29. August 2004).
Augenblicklich erinnerte ich mich da des Beginns unserer freundschaftlichen Beziehung. Über viele Jahre hin habe ich von 1980 an als Vorsitzender des Programmbeirats für das Erste Deutsche Fernsehen regelmäßig bei den Hauptversammlungen der ARD Intendanten und Gremienvorsitzenden von unserer Programmbeobachtung berichtet. Dabei war neben viel Zustimmung oft auch deutliche Kritik weiterzugeben. Insbesondere hat uns damals bekümmert, daß die Erfolge der kommerziellen Konkurrenz sich auch im Programm der öffentlich-rechtlichen Rundfunkanstalten auszuwirken begannen. Da fielen zum Beispiel Entscheidungen über Programmtitel und Sendeplätze immer öfter im Sinn einer Verbesserung für Unterhaltsames und Entspannendes, für solches, das nicht anstrengt und nicht anstößt, während Akzentuierungen im Sinn inhaltlich anspruchsvoller Sendungen, im Sinn auch des Beitrags zur geistigen Auseinandersetzung und zur Vermittlung gemeinsamer Überzeugungen weithin ausblieben.

Insgesamt schob sich damals immer mehr Unterhaltung in den Vordergrund. Dazu kam, daß in der Unterhaltung selbst ein Prozeß schauerlicher Trivialisierung ablief. Davon zeugte nicht zuletzt eine spektakuläre Welle von Gameshows, die geradezu darauf angelegt schienen, Desensibilisierung zu bewirken, eine Minderung der Empfindsamkeit also, die Senkung von Scham- und Peinlichkeitsschwellen. So zum Beispiel wenn Mitspielende ihr Auto, das sie auf dem Parkplatz wähnen, jetzt identifizieren müssen, nachdem es durch eine Schrottpresse gelaufen ist, oder wenn ein Postbeamter schon fortgeschrittenen Alters sich eine Irokesenfrisur verpassen lassen muß, bloß weil er sich zum Wettkampf um Punkte bereit erklärt hat, oder wenn eine Familie per Bildschirm verfolgen darf, wie im heimischen Wohnzimmer eine gerade eingedrungene Rockerbande das Mobiliar zertrümmert.

Damals haben wir Alarm geschlagen, denn die Unterhaltung einer öffentlich-rechtlichen Rundfunkanstalt sollte nicht in den Geruch kommen, besonders attraktivem Klamauk zuliebe vornehmlich die niedrigeren Instinkte zu bedienen. In der Runde der Gremienvorsitzenden, der Sie als Vorsitzender des Verwaltungsrats des Saarländischen Rundfunks über viele Jahre hin angehörten, herrschte nach solchen Hinweisen eher betretenes Schweigen. Sie aber erhoben Ihre Stimme, um mit uns zusammen nachdrücklich an Grenzen zu erinnern, jenseits derer etwas als geschmacklos gelten muß oder gar anfängt, inhuman zu werden. Der Jagd nach möglichst hohen Einschaltquoten stellten Sie gegenüber, daß entscheidend für das Gedeihen des öffentlich-rechtlichen Fernsehens nicht sei, ob man Marktführer bleibt, sondern ob man ein Programm anbietet, für das es sich lohnt, den Bürgern Gebühren abzuverlangen.

Aus dem Gespräch, das wir im Anschluß daran führten, erwuchs in den folgenden Jahren ein sehr belebender persönlicher Austausch, bei dem ich immer wieder Ihr großes Verantwortungsbewußtsein gerade auch der Allgemeinheit gegenüber erfahren durfte und Ihre Klugheit, Ihre Weitsicht und Ihre Freundlichkeit zu bewundern hatte. All das blieb nicht ohne Wirkung auf mich. Deshalb verbindet sich mit vielen guten Wünschen zu Ihrem großen Geburtstag heute ganz herzlicher Dank.

Ihr

STIFTUNG

*Haus der Union Stiftung
(Saarbrücken, Steinstraße 10)*

Friedel Läpple

Lieber Herr Schlehofer,

als Immanuel Kant am 22. April 1774 seinen fünfzigsten Geburtstag feierte, wurde er von einem Festredner mit „ehrwürdiger Greis" angesprochen. Gut, seither sind fast 250 Jahre vergangen, die Lebenserwartung deutlich angestiegen. Und doch, würde Sie, lieber Herr Schlehofer, an Ihrem neunzigsten Geburtstag jemand „ehrwürdiger Greis" nennen, er stieße auf völliges Unverständnis.
Sie sind alles andere als ein „Greis"!
Ich bewundere und bestaune vor allem Ihre geistige Fitness.
„Ehrwürdig" würde ich Sie jedoch gerne bezeichnen.
Was Sie in den 90 Jahren Ihres Lebens geleistet haben, und vor allem, wie Sie es geleistet haben, ist aller Ehren wert.
Als politisch interessierter Heranwachsender hörte ich erstmals von Ihnen.
Persönlich kennengelernt habe ich Sie jedoch erst viel später. Seit Gründung der „Gemeinnützigen Förderergesellschaft Saarbrücker Zeitung" vor 35 Jahren waren Sie Gesellschaftsvertreter und sind auch heute noch Aufsichtsratsmitglied der Zeitung.
In diesen 35 Jahren haben Sie für die vor fünf Jahren in „Gesellschaft für staatsbürgerliche Bildung" umbenannte Gesellschaft, der ich als Vertreter der „Stiftung Demokratie Saarland" angehöre, Beachtliches geleistet.

Zustatten kam Ihnen dabei das enge Vertrauensverhältnis, das Sie zu dem Verleger Georg von Holtzbrinck hatten, und das sich mit dessen Sohn, Dieter von Holtzbrinck, fortsetzte.

Letzteres kann ich persönlich gut nachvollziehen.

Dreißig Jahre habe ich das Glück, in und für unsere Gesellschaft mit Ihnen zusammenarbeiten zu dürfen.

Mein Vertrauensverhältnis zu Ihnen glich und gleicht dem eines Sohnes zu seinem Vater.

Die zahlreichen persönlichen und vertraulichen Gespräche, die ich mit Ihnen führen durfte, haben mir viel bedeutet.

In all den Jahren habe ich Sie schätzen und achten gelernt.

Sie waren immer ein exzellenter Zuhörer, mit dem ich alle Probleme erörtern konnte.

Nie gaben Sie vorschnelle Ratschläge.

Ihr Rat und Ihre Meinung hatten und haben für mich großes Gewicht.

Noch heute besitzen Sie eine beachtliche Autorität.

Keine autoritäre Autorität, die sich auf Befehlen und Anordnen aufbaut.

Nein, Sie besitzen eine Autorität, die sich in Ihrer Persönlichkeit, in Ihrer Akzeptanz begründet.

Lieber Herr Schlehofer, zu Ihrem neunzigsten Geburtstag gratuliere ich Ihnen mit aller Herzlichkeit. Wie in all den dreißig Jahren zuvor, so freue ich mich auch noch heute auf jede Gelegenheit, Sie zu treffen und mit Ihnen sprechen zu dürfen.

Und solche Gelegenheiten wünsche ich mir noch viele.

Herzlichst
Ihr

Werner Klumpp

Sehr verehrter, lieber Herr Schlehofer,

in der FAZ habe ich heute morgen ein „Wort der Woche" gelesen: „Zum schöneren Teil des Älterwerdens gehört, dass man seinen Ausreden nicht mehr glaubt."
Dazu gehört natürlich auch, dass man gegenüber den Einreden von außen, was die eigene Person anbelangt, sehr kritisch ist.
Deshalb ist mein Glückwunsch zu Ihrem 90. Geburtstag: Mögen Sie die geschenkten Tage an der Seite Ihrer lieben, charmanten Frau in der bestmöglichen körperlichen Gesundheit, aber mit Ihrem noch heute so wachen, gescheiten, jungen Geist erleben dürfen!
Dies ist sicherlich richtig, zugleich bescheiden, angemessen, aber vom Wunsch her das Höchste, was ein gütiger Gott schenken kann.
Ich kenne Sie nun seit 1970, als ich als neugewählter FDP-Landesvorsitzender und Vertreter der Friedrich-Naumann-Stiftung in die „Gemeinnützige Fördergesellschaft der Saarbrücker Zeitung mbH" eintrat. 34 Jahre Zusammenarbeit – dafür darf ich Ihnen heute danken.
Sie waren von Anfang an fair, freundlich, wohlwollend im echt menschlichen Sinne. Ich habe das als Verhalten eines Mannes gedeutet, der selbst Höhen und Tiefen der Politik miterlebt, aber wegen seiner Integrität am Ende Achtung,

Werner Klumpp

Anerkennung und hohe Wertschätzung, vor allem auch der früheren politischen Gegner erworben hat. Sie waren einfach gut, Ihr Sachverstand wurde gebraucht und mit Ihrer Fähigkeit, zuzuhören, stets konstruktiv zu wirken, Menschen zu verbinden, Probleme zu lösen, waren Sie über Jahrzehnte einer der wichtigsten Moderatoren saarländischer Politik!

Was mich besonders beeindruckt hat: Sie waren bei aller politischen Verwurzelung in der saarländischen CVP-CDU nie populistisch und leutselig, sondern freundlich aber stets mit gebotenem Abstand, Sie waren ein Herr.

Ich freue mich bis heute und bin dankbar, dass ich Sie kennen lernen durfte.

Arno Krause

Lieber Herr Schlehofer,

wenn ich auf die lange Zeit unserer persönlichen Bekanntschaft zurückblicke und überlege, wann diese ihren Anfang fand, so lässt sich dies an einem historischen Datum festmachen: Am Startbeginn der Abstimmung zum Europäischen Saarstatut kurz nach dem 23. Juli 1955 führten wir beide in der Staatskanzlei ein erstes Gespräch, da ich als Generalsekretär der Europa-Union im Saarland zu klären hatte, welche Rolle der Europäischen Bewegung, genauer gesagt der Europa-Union, zusammen mit der NEI (Nouvelle Equipe Internationale) zukommen sollte und unter welchen Voraussetzungen sie in Erscheinung treten könnte, da die Europäische Bewegung im Wahlkampf den Parteien gleichgestellt wurde. So fanden die Auftaktveranstaltungen der das Europäische Statut bejahenden Kräfte in der Saarbrücker Wartburg, in Neunkirchen und in Saarlouis in Verantwortung und auf Initiative der Europa-Bewegung statt, da das Referendum ja nicht zwischen Parteien entscheiden, sondern über die Annahme oder Ablehnung durch die Saar-Bevölkerung befinden sollte.

„Das Ziel war Europa" und die Lösung der Saarfrage sollte dem nicht im Wege stehen, darüber waren wir uns einig.

Die schnelle Einigung zwischen Frankreich und Deutschland, das Ergebnis des Volksentscheids anzuerkennen und zum Anlass zu nehmen, gemeinsam den europäischen Einigungsprozess weiter voranzubringen und die Rückkehr des Saarlandes in die Bundesrepublik Deutschland nicht mehr länger als Hindernis anzusehen, war für uns beide Grund, alles für eine erfolgreiche Entwicklung und für eine Versöhnung der unterschiedlichen Standpunkte, die sich in der Hitze der Abstimmung gebildet hatten, zu tun.

Sie haben sich tatkräftig für ein Zusammengehen der beiden C-Parteien CDU und CVP eingesetzt. Ich war darum bemüht, eine schnelle Eingliederung der Europa-Union im Saarland als Landesverband in die Europa-Union Deutschland zu vollziehen. Beides wurde schließlich erreicht und hat uns dann weiter vielfach zusammengeführt, um im Interesse des Saarlandes und seiner Rolle als Brücke zwischen Frankreich und Deutschland zu wirken.

Sie, lieber Herr Schlehofer, haben als Mitglied der Europa-Union immer die „europäische Sache", wie auch vor allem das Europa-Haus in Otzenhausen, die spätere Europäische Akademie Otzenhausen, unterstützt, auch in der politisch sehr schwierigen Zeit unmittelbar nach der Abstimmung.

Einen weiten Weg sind wir in diesen 50 Jahren gemeinsam gegangen. Wenn es auch viele Hindernisse, Schwierigkeiten und Krisen zu überwinden galt, so können wir doch mit einigem Stolz feststellen, dass wir mit Erfolg für die richtigen und guten Ziele gearbeitet haben. Sie, die Sie den Zweiten Weltkrieg in all seinen Härten und Konsequenzen als Soldat mit erlitten haben, und auch ich, der ich als 15-Jähriger noch einbezogen war, sahen in der Einigung Europas die Gewähr für Frieden zwischen den verfeindeten Völkern Europas.

Nicht nur 60 Jahre Frieden hat die europäische Einigungspolitik ermöglicht, auch die Überwindung von Faschismus, Bolschewismus und Diktatur hat sie erreicht. Dies allein rechtfertigt all unsere Anstrengungen. Aber noch sind wir am „Ziel Europa" nicht endgültig angekommen.

Bis zum heutigen Tag verbinden uns diese großen Themen, Sie im Rahmen der Union Stiftung, und ich im Umfeld der ASKO EUROPA-STIFTUNG und der Europäischen Akademie Otzenhausen.

In diesen 50 Jahren des gemeinsamen Weges hat sich weltweit vieles geändert. Die Überwindung des „Kalten Krieges", die Chance einer gesamteuropäischen Union stellt neue gewaltige Aufgaben in der globalen Entwicklung einer Welt, die nicht friedlicher geworden ist. Ob Europa eine Rolle auf dem Weg zu einer besseren Welt spielen kann, wird davon abhängen, ob wir fähig sein werden, engstirnige nationale Interessen zu überwinden und eine wirkliche Gemeinschaftspolitik zu definieren und umsetzen zu können. Die Annahme einer für alle Europäer geltenden Verfassung wird zeigen, ob die Zeit reif ist für das große Ziel eines geeinten Europas.

Im Blick zurück darf ich festhalten, dass vieles erreicht wurde, und es sind vor allem Menschen wie Sie, die beharrlich und konsequent, gesellschaftlich verantwortlich und mit großem persönlichen Engagement an der europäischen Grundüberzeugung festhalten und als Vorbild wirken. Somit wird Europa weiter auf den gemeinsamen, friedvollen Weg gebracht.

Sie, lieber Herr Schlehofer, haben daran entscheidenden Anteil, jetzt liegt es an den nach uns kommenden Generationen, die Europäische Einigung zu vollenden!

Herzliche Gratulation zu Ihrem 90. Geburtstag, verbunden mit allen guten Wünschen für eine weiterhin gute Gesundheit.

Heiner Timmermann

Grußadresse an Herrn Franz Schlehofer

Schreiben von Herodot von Halikarnassos (490-425 v. Ch.) an Herrn Franz Schlehofer, zugestellt am 17. Februar 2005, versehen mit dem Siegel der Thermopylen.

Mir kam zu Ohren, daß Sie, mein verehrter Herr Schlehofer, in einem so erlauchten Kreise Ihren 90. Geburtstag feiern. Mein Gott, was gäbe ich darum, noch einmal in dieser Frische meine Historien vorgestellt zu bekommen. Wie schnell doch die Zeit vergeht! Gerade erst einmal 2.434 Jahre sind es her, da ich, ebenso wie Sie, im auserwählten Kreise und an würdiger Stätte den gefälligen Worten lauschte, die anläßlich des Geburtstages meines Buches auf mich hernieder prasselten.
Leider ist es um meine eigene Konstitution nicht zum Allerbesten bestellt. Die Perserkriege haben mir zu sehr zu schaffen gemacht. Dann hatte ich in unseren Politiker-Talkshows die ständigen Auseinandersetzungen mit den Besserwissern Platon und Aristoteles, die mich, den Vater der Geschichtsschreibung, wie mich der eitle und geniale Advokat Cicero jüngst nannte, lehren wollten, was Knechtschaft und Freiheit bedeuten. Hatten Sie nicht ähnliche Erfahrungen, daß weniger Erfahrene Ihre Erfahrungen einfach nicht zur Kenntnis nahmen?! Und dennoch gibt es

viele dankbare Empfänger Ihrer Ratschläge, nicht zuletzt auch ein verdeckter Herodot.

Womit wir bei einer weiteren Betrachtung wären, die wir kürzlich beim Philosophen-Treff mit meinen Freunden Sophokles und Perikles erörtert haben und die Sie, mein geehrter Schlehofer, ebenso oft mit Ihren Freunden disputiert haben, der sogenannten Bildungsbürger.

Bildung war für Sie schon stets ein Grundbedürfnis: Die innere Überzeugung, sich einen nicht unerheblichen Teil der Lebenszeit der kulturellen, musischen und besonders musikalischen Gedankenwelt zu widmen. Dabei muß der Begriff „bürgerlich" durchaus nichts Mäßiges, Enges oder Armseliges bedeuten. Gottfried Benn höre ich immer schimpfen: „Lieber lächerlich als bürgerlich."

Sie, lieber Herr Schlehofer, und ich bewerten die Bürgerlichkeit etwas anders, durchaus im besten Sinne des Wandels deutscher Philosophie im 18./19. Jahrhundert. Was verdanken wir doch alles z.B. unseren Freunden Herder, Hegel und Hölderlin, mit denen ich mich regelmäßig austausche! Dabei ist es ebenso interessant zu hören, was mir der Geheimrat von Goethe berichtet. Als junger Rebell habe er seinen Werther über die fatalen bürgerlichen Verhältnisse schimpfen lassen. Später habe er dies bewußt relativiert und niedergeschrieben: „Wo käm' die schönste Bildung her, und wenn sie nicht vom Bürger wär!"

So streiten sich die Geister, mein geehrter Schlehofer. Die einen betonen die Notwendigkeit bildungsbürgerlicher Beharrlichkeit. Die anderen, so wie Sigmund Freud, dem ich gelegentlich im Therapiezirkel begegne, erlauben sich zu sagen, daß es ungleich mehr Kulturheuchler als wirklich kulturelle Menschen gibt. Freud behauptet sogar, daß ein gewisses Maß an Kulturheuchelei zur Aufrechterhaltung von Kultur unerläßlich sei.

Kürzlich, bei unserem literarisch-strategischen Stammtisch, kamen Heine, dieser ewige Heißsporn und Jungspund mit seinen gerade einmal 208 Jahren, und Clausewitz, jener Schlesier in Preußens Diensten mit seinen 225 Jahren, auf mich zu. Sie erklärten mir etwas von Deutschland in der Nacht und Schlaf und Diplomatie und Krieg – alles unverdautes Zeug. Die Nacht, so erklärte ich Heine, ist zum Schlafen da. Und dem Clausewitz machte ich klar, mit wie wenig Verstand die Welt regiert wird.

Und was ist mit den Revolutionsgeschichten, über die wir jüngst im Revolutionskolleg mit Robbespierre, Danton, Marat, Görres, von der Gablenz, Kossuth, Lenin, Fidel Castro und anderen debattierten?

Mein der Realität sich entfremdender Philosophiefreund Aesop hat in dem Epimythion zu seiner Fabel 232 geschrieben, wenn er es denn geschrieben hat, aber es steht da: „Leiden sind Lehren!" Ich frage, für wen? Denn die Despoten haben einfach weitergemacht. Sie haben die

Menschen und das Land kaputtgemacht, die Kirchen haben sie nicht ganz geschafft.

Vor eineinhalb Dekaden soll es sanfte Revolutionen in Europa gegeben haben, wie ich neulich in unserer TV-History sah. „Thoughts are Free!", hat schon mein Literatenkollege Shakespeare vor 394 Jahren in „The Tempest" geschrieben. Ich meine mich zu erinnern, bei Euch in Deutschland im Revolutionschor den Cantus „Die Gedanken sind frei!" vor 157 Jahren gemeinsam mit Mozart, Beethoven, Haydn, Händel, Sullivan, Weber, Schubert geschmettert zu haben. Ich bin mal gespannt, wie lange das anhält. Jetzt soll alles den Kopf nach Europa, meinem geliebten Europa, wenden. Sie haben sich in Europa eine Verfassung gegeben. Wir kannten so etwas noch nicht. Eure Welt ist anders. Ich kann mir gut vorstellen, daß ihr das dringend braucht. Der Christengott brauchte 10 Sätze für seine Ordnung. Sie bejahen diese Ordnung, wie mir oft berichtet wurde. Gelegentlich nahm ich an Gesprächen mit Ihnen darüber teil. Der Festgesellschaft möchte ich nur kundtun, wie sehr ich Ihre Meinung, die sich in Glaube, Hoffnung, Liebe manifestiert, achte, ehre und schätze.

Stimmt es auch, lieber Herr Schlehofer, daß Sie trotz vieler Fehlentwicklungen in der kleinen und großen Politik unentwegt und beharrlich eine klare Meinung

vertreten? Hier meine Bestätigung: Selbst Goethe wollte die Fortsetzung der Leiden des reifen Werther zu Papier bringen, nicht ohne zugleich einen weisen Rat zu erteilen: „Man muß das Wahre immer wiederholen, weil auch der Irrtum um uns herum immer wieder gepredigt wird!"
Lessing sagte kürzlich in unserem Raucherkabinett zu mir: „Klarheit der Positionen, Überzeugung von religiösen Werten, Gedankenschärfe und Verbindlichkeit, Verlässlichkeit und Freundschaft sollen wesentliche Eigenschaften von Ihnen, lieber Schlehofer, sein."
„Schlehofer, der leise Weise", wäre ein interessantes Thema für mich, das die Minna von Barnhelm ob ihrer Breitenwirkung in ganz Europa glatt übertreffen würde.

Ihre Weisheit, Bedächtigkeit, Ihren Abstand von den Dingen und Ihre Beurteilung der Dinge kann ein kampferprobter Grieche auch so ausdrücken:

> Ach wie war es doch vordem
> Gar so furchtbar angenehm:
>
> Der Schnee war viel weißer,
> die Sommer heißer,
> die Blassen blasser,
> und nasser das Wasser,

Heiner Timmermann

viel kälter die Winter
und braver die Kinder,
die Alten viel frommer
und heißer die Sommer,
der Rasen viel grüner
und fröhlich die Hühner
und sauber die Straßen
und grüner die Rasen,
die Frauen viel draller
und lauter die Knaller,
die Autos stabiler
mit Chrom an dem Kühler,
die Blumen viel bunter,
die Runden noch runder,
doch schlanker die Schlanken
und ranker die Ranken,
die Menschen bescheiden,
mochten Hoffart nicht leiden,
geschätzt noch die Krumen
und bunter die Blumen,
das Öl war noch ölig
und die Hühner noch fröhlich,
die Nahrung gesünder
und braver die Kinder,
die Sonne viel heller
und tiefer die Keller,

Heiner Timmermann

die Grillen grilliger,
die Eier warn billiger,
die Mädchen geschickter
und die Socken gestrickter,
der Himmel viel klarer
und die Liebe viel wahrer,
die Suppen noch kräftig
und die Witze schön deftig
und fetter der Quark
und die Muskeln noch stark
sooo fein waren die Fädchen
und geschickter die Mädchen,
viel feiner die Fische
und erst die Sitten bei Tische
und Ehre und Tugend
und jünger die Jugend,
viel klarer der Himmel
und weißer die Schimmel,
und schließlich der Schnee,
wenn ich's recht beseh ...

da capo!!!

Heiner Timmermann

Ihr Feiersleute, lasst es Euch
von einem alten Griechen sagen:
Man sollte nicht vergessen,
das Manches anders,
ob gut, besser?
Das weiß ich nicht,
war gewesen.

Ihr in Freundschaft und Hochachtung verbundener
Herodot von Halikarnassos

Athen über den Wolken, den 17. 2. 2005

Ausgehändigt vom Postillion
Prof. Dr. Dr. Heiner Timmermann
am 17. 2. 2005

Mit den Grüßen und Wünschen

[Unterschrift]

Alfred Diwersy

Sehr geehrter, lieber Herr Schlehofer,

von Ihnen gehört habe ich zum ersten Mal vor mehr als fünfzig Jahren. Mein späterer Schwiegervater, Aloys Gadomski, damals Direktor der Kreissparkasse Merzig, dann des Sparkassen- und Giroverbandes des Saarlandes (und in diesen Funktionen in Kontakt auch mit der Saarpolitik und ihren Repräsentanten), sprach des öfteren von Ihnen. Er schilderte Sie als treffend formulierenden, klug und überlegt entscheidenden politischen Beamten, der als Leiter der Präsidialkanzlei der Regierung Johannes Hoffmanns dessen Politik wohltuend beeinflusse, ja lenke. Seine Schilderungen waren getragen von Sympathie für Ihre Persönlichkeit und spiegelten Anerkennung für das, was sie bewirkten.

Der junge Mann, der ich damals war, ahnte natürlich im Traume nicht, daß er gut fünf Jahrzehnte später beim 90. Geburtstag eben jenes Franz Schlehofer zu dessen Gratulanten gehören würde. Aber als ich Sie, lieber Herr Schlehofer, vor fünf Jahren persönlich kennenlernte, war mir die beeindruckende Charakterisierung meines Schwiegervaters sofort wieder präsent.

Sie waren damals Vorstandsvorsitzender der Union Stiftung; ich war nach Kaufmannsjahren und kommunaler Beamtenzeit zum Verleger geworden. Beides bewirkte, daß wir aufeinandertrafen; in Gesprächen, an die ich mich gerne und dankbar erinnere, konnte der Weg dafür bereitet werden, daß die Buchpublikationen der Union Stiftung bei Gollenstein erscheinen und verschiedene Reihen des Verlages gefördert werden.

Dies geschieht nun schon seit ein paar Jahren und hat, wie ich meine, zu bemerkenswerten Büchern geführt: An erster Stelle sind hier die „Malstatter Beiträge aus Gesellschaft, Wissenschaft, Politik und Kultur" zu nennen, in denen ausgewählte Ergebnisse der Bildungsveranstaltungen der Union Stiftung, wissenschaftliche Arbeiten saarländischer Hochschulen, Forschungsergebnisse der Regionalgeschichte sowie literarische Arbeiten aus dem Saar-Lor-Lux-Raum und europäischen Nachbarländern von Ihnen, Prof. Rudolf Warnking und Dr. Markus Gestier herausgegeben werden.

In den Reihen „Abiturreden", „Literatur grenzenlos", „Poesie-Anthologien" und in den „Malstatter Beiträgen" sind seither schon sechzehn Bände erschienen – zuletzt „Am Rande des Hitlerkrieges", worin Johannes Hoffmann seine Flucht durch Frankreich nach Brasilien schildert –, und es kommt jedes Jahr ein halbes Dutzend dazu.

Den Kontakt zur Union Stiftung, mittlerweile regelmäßiger und angenehmer Bestandteil meines Lebens, verdanke ich Ihnen, lieber Herr Schlehofer. Er ermöglicht mir auch immer wieder anregende Begegnungen mit Ihnen.

Für mich als selbst schon über Siebzigjährigen ist es der seltene Fall, daß ich auf einen noch Älteren treffe, dessen Lebenserfahrung und Weisheit mir Mut macht und mich in meinem Tun bestärkt.

Bestimmt, aber nie technokratisch-kalt vertreten Sie Ihre Meinung in wohltuender Ausgeglichenheit zwischen notwendiger Offenheit und rücksichtvoll-schonender Distanz. Sie setzen sich engagiert für das als richtig Erkannte ein, ohne dem Verhandlungspartner Ihre Vorstellung aufzudrängen; stattdessen geben Sie ihm Gelegenheit, sich Ihre Ansicht anzueignen oder Sie von seinem Standpunkt zu überzeugen.

Als sich im Laufe unserer Gespräche über die Zusammenarbeit zwischen Stiftung und Verlag abzeichnete, daß Sie den Vorstandsvorsitz der Union Stiftung in absehbarer Zeit abgeben würden, wollten Sie Ihrem Nachfolger nicht - vorgreifen und überließen ihm die letzte Entscheidung, sozusagen den Vertragsabschluß. Auch dies ein bezeichnender Zug Ihrer Persönlichkeit.

Von Herzen wünsche ich Ihnen, lieber Herr Schlehofer, zum 90. Geburtstag Gottes Segen und noch viele Jahre des Wohlergehens im Kreise Ihrer Familie.

Hermann Schömer

Sehr geehrter Herr Schlehofer,

bereits in dem Protokoll der Gründungsversammlung des gemeinnützigen Saarbrücker Altenwohnstift e.V., welche am Dienstag, dem 20. Mai 1969, im Büro des Hauptgeschäftsführers des Saarländischen Brauereiverbandes, Herrn Dipl. rer. pol. Karl-Heinz Bernhard, im „Haus der Industrie", in der Hindenburgstr. 27/VI, in 66 Saarbrücken, stattgefunden hat, ist Ihr Name verzeichnet und mit ihm die der Herren Dr. Erich Bodtländer, Superintendent Erich-Werner Eisenbeis, R.A. Dr. Peter Frey, Prof. Dr. Josef Goergen, Bürgermeister Edmund Haßdenteufel, R.A. Dr. Christian Runge, Präsident Dr. Paul Schütz, Minister Paul Simonis sowie Minister a.D. Hermann Trittelvitz, als gewählte Mitglieder des Kuratoriums.

Ich bin mir sicher, dass dieser respektable Personenkreis nur zusammenfand, nachdem Sie, sehr geehrter Herr Schlehofer, mit der Assistenz von Herrn Bernhard ein riesiges Pensum an Überzeugungsarbeit geleistet hatten. Denn zunächst gab es lediglich einen Verein, der sich zum Ziel gesetzt hatte: „Alten Menschen neue Häuser bauen" und dessen gemeinnützige Absichten in der Vereinssatzung geschrieben standen.

Planen, Finanzieren, Bauen, Belegen, die Meilensteine auf dem Weg zu dem „Neuen Haus", waren erst noch zu erreichen. Wie, war nur wenigen vorstellbar. „Risiko" raunte es ringsum. Zwischen Rhein und Mosel gab es bisher kein ermutigendes Beispiel. Entsprechend verhielten sich die Kreditinstitute. Eines Ihrer überzeugenden Argumente war damals schon, dass aus der bereits erkennbaren Veränderung der Bevölkerungsstruktur, Konsequenzen gezogen werden müssen.

Meine Erinnerungen an die Anfänge des Saarbrücker Altenwohnstift e.V. stützen sich auf die Gespräche mit dem bereits 1989 verstorbenen Herrn Bernhard. Danach waren es einige einflussreiche, alleinstehende Damen, die seit längerem Herrn Bürgermeister Haßdenteufel, der als Beigeordneter auch das Sozialdezernat betreute, mit dem Wunsch bedrängten, in der Altenhilfe neue Wege zu beschreiten. Dieses Anliegen war auch in den Rotarier und Lions-Kreisen angekommen. Meines Wissens nach hatte Herr Bernhard, der in Sachen Brauereiverband in München unterwegs war, bei einem Termin in einer renommierten münchner Rechtsanwaltskanzlei einen Prospekt des Münchner Altenwohnstift e.V. entdeckt. Das war wohl die Initialzündung zu dem Entstehen des Saarbrücker Altenwohnstift e.V.

Mein erster Kontakt mit dem Geschäftsführer des Münchner Altenwohnstift e.V. war im Mai 1970, nachdem mich einige Wochen zuvor der damalige Verwaltungsdirektor des Saarländischen Rundfunks, Hermann Fünfgeld, für die Geschäftsführerposition des neugegründeten Saarbrücker Altenwohnstift e.V. zu erwärmen versucht hatte.

Hermann Schömer

Die Kontakte zu Ihnen ergaben sich in der Folge im „Haus der Industrie" und in der Feldmannstraße, wo ich nach meiner am 1.1.1971 begonnenen Geschäftsführertätigkeit, während der Bauphase des Egon-Reinert-Hauses, mit Herrn Bernhard, der stellvertretender Vorsitzender des Saarbrücker Altenwohnstift e.V. war, regelmäßig Gespräche führen musste. Später begegneten wir uns auch bei den Sommerfesten am Kohlweg, zu denen Herr Fünfgeld alljährlich eingeladen hatte.

Immer wieder galt Ihr Interesse meiner Arbeit im Egon-Reinert-Haus und später auch der im Wohnstift am Reppertsberg und natürlich auch dem Leben in den beiden Häusern, wobei die kulturelle Betreuung im Zusammenhang mit meinem Veranstaltungskalender „Leben im Alter" und die daraus erkennbare Leitlinie meiner Arbeit eine zentrale Rolle spielten. Anlass dazu waren des öfteren neue Bewohnerinnen oder Bewohner aus Ihrem großen Bekanntenkreis in einem der beiden Häuser.

Beim Herannahen des Endes meiner Geschäftsführertätigkeit sollte dieses Interesse und die gewachsene gedankliche Verbindung nach Ihrem Willen eine Dokumentation erfahren, die schließlich im August 2004 in dem kleinen Buch „Atem holen" zustande kam.

Ich freue mich, einen Beitrag zu dem Geburtstags-Büchlein „Briefe an Herrn Schlehofer" leisten zu dürfen.

Ihre brillante Dankansprache, anlässlich Ihres 80. Geburtstagsfestes ist mir in guter Erinnerung; nun sind Sie an dem Meilenstein 90 angelangt. Die menschliche Verzagtheit, genährt von der Angst vor den Unwägbarkeiten des Alters, wagt über diesen Jahreswechsel hinaus nur zögerliche Perspektiven. Der starke Endachtziger hält es da eher mit dem Geburtstagswunsch unserer jüdischen Mitbürger: „Bis 120!"

Sie, sehr geehrter Herr Schlehofer, stehen Tag für Tag mit Ihrem Schöpfer und Erhalter im Gespräch und vertrauen auf seinen Schutz und Beistand: „Wer Gott, dem Allerhöchsten traut, der hat auf keinen Sand gebaut."

Mit einem herzlichen „Glück Auf" zum Neunzigsten Ihnen stets dankbar verbunden,

Ihr

Marlene Reucher

Lieber Franz,

ganz neu und ungewohnt, Dir einen Brief zu schreiben, der dann auch noch veröffentlicht wird.

Aber Du bist halt eine außergewöhnliche Persönlichkeit, jemand an dem die Öffentlichkeit großes Interesse hat, der lange Zeit in der Politik an herausragender Position stand, in Geschehnisse eingriff, sie veranlasste oder verhinderte, also Einfluss nahm auf Entscheidungen, deren Auswirkungen von Bedeutung für uns alle waren.

Als ich Dich kennen lernte – es ist über 30 Jahre her –, war mein Eindruck: ein interessanter Mann, der Frauen ernst nimmt, sich gerne mit ihnen unterhält. Damals hattest Du den Höhepunkt Deiner politischen Karriere schon überschritten, Du hattest Zeit, zurückzublicken. Oft haben wir über die Problematik der ersten Nachkriegsjahre und die saarländische Sonderrolle in der Politik zwischen Frankreich und Deutschland gesprochen. Du warst neugierig zu erfahren, wie ein anderer, zwar nicht aktiv politischer, aber doch interessierter Bürger – dazu noch eine Frau – die Entwicklung beurteilt. Wir waren manchmal verschiedener Meinung, haben aber in Diskussionen immer wieder eine gemeinsame Plattform gefunden, zumindest aber die Ansicht des anderen respektiert.

Bei vielen Einladungen sehe ich uns – damals beide noch leidenschaftliche Raucher – in einer ruhigen Ecke stehen, ein Zigarettchen in der Hand, über Gott und die Welt reden. Hierbei waren unsere Gespräche – Gespräche zweier gläubiger Christen über Gott – besonders intensiv und ergiebig. Die Unterhaltung über profanere Dinge war öfter kontrovers. Zwar freuten wir uns, wenn wir die gleichen Filme, Fernsehsendungen und Bücher mochten und waren erstaunt, dass sich durch unterschiedliche Standpunkte neue und fruchtbare Erkenntnisse auftaten. Besonders wenn es sich um Kunst – und hier speziell um die Malerei – handelte, gingen die Meinungen stärker auseinander. Die abstrakte Malerei, der ich besonders zugetan war, sahst Du als Ausdruck der heutigen Zeit, hast sie liebevoll akzeptiert, wenn auch manchmal mit einem spöttischen Kommentar.

Aus Deinem reichen Erfahrungsschatz hast Du Marcel und mir manch guten Rat gegeben und mit Deiner besonnenen Art immer für Harmonie gesorgt.

Unsere gemeinsamen Reisen mit Freunden waren voller Fröhlichkeit und Spaß. Dresden vor allem ist mir hier in schönster Erinnerung. Im Zugabteil hätte man mit Eugen Roth sprechen können: „Man sollte nur die leisen Rassen und nicht die lauten reisen lassen". Ausflüge mit kulinarischen Höhepunkten nach Luxemburg, kleine Treffen im Familienkreis oder Geburtstage und Feste in größerem Rahmen mit humorvollen, teils zurückblickenden Beiträgen der Kinder und Enkel haben unsere Verbindung gefestigt.

Leider sind wir mit zunehmendem Alter in unseren Aktivitäten etwas gebremst. Jetzt bestimmt die körperliche Konstitution unser Tun und Lassen. Nicht nur Du, der Du gerne mit Deinem Alter kokettierst und dann mit einer freien Rede, um die Dich manch Jüngerer beneidet, verblüffst. Du kannst mit Hermann Hesse sagen: „Mit der Reife wird man immer jünger". Viel dazu beigetragen hat Marianne. Unermüdlich ist sie um Dein Wohl besorgt, gibt Dir mit Ihrem Optimismus Mut, hilft Dir in Deinem Herzen jung zu bleiben.

Ich möchte Dir für Deine besondere Freundschaft danken, die ich genießen durfte und wünsche uns noch viele unbeschwerte Jahre im Kreis unserer Familien.

Marlene

Benno Breyer

Lieber Herr Schlehofer,

ich nehme Ihren 90. Geburtstag gerne zum Anlass, über meine Bekanntschaft mit Ihnen ein wenig nachzudenken. Wie kam es dazu? Unter welchen Bedingungen lernten wir uns kennen, Sie als Mann der Politik und des öffentlichen Lebens, ich als Maler in der Provinz, eher im Verborgenen arbeitend und gezwungenermaßen gelegentlich mit Ausstellungen an das Licht der Öffentlichkeit tretend?
Die Begegnung mit Ihnen hatte, soviel steht fest, immer in irgendeiner Form mit Kunst zu tun. Mit anderen Worten, Sie interessierten sich für meine Bilder. Dass Ihnen im Saarland im politischen Bereich eine besondere Rolle zukam, wusste ich durch Ihren langjährigen Weggefährten, der sowohl privat als auch in künstlerischen Dingen seit meiner ersten größeren Ausstellung im Jahre 1969 im Kulturhaus der Stadt St. Ingbert mir und meiner Familie sehr nahe stand. Es war Dr. Emile Straus, der mir nahe legte, Sie zu meinen gelegentlichen Ausstellungen einzuladen. Seinen Äußerungen entnahm ich sehr rasch, dass er Ihrer Persönlichkeit großen Respekt entgegenbrachte, was natürlich meinerseits die Neugier nach einer Begegnung mit Ihnen enorm gesteigert hat.
Sie werden es mir nicht verübeln, wenn ich weder den genauen Grund noch das Datum Ihres ersten Besuches in mei-

nem Studio hoch oben unter dem Dach unseres Wohnhauses, dem ehemaligen Heimspeicher, deshalb auch von mir einfach „Speicher" genannt, genau bezeichnen kann. Möglicherweise hat man von Seiten der Union Stiftung Ihnen zu einem besonderen Anlass eines meiner Bilder geschenkt, so dass Sie sich wohl geneigt sahen, höchstpersönlich mit Ihrer Gattin meine – ich muss schon gestehen – so gar nicht auf Bequemlichkeit eingerichtete Werkstatt aufzusuchen. Dieser Besuch, wie auch der nachfolgende sind mir allerdings in nachdrücklicher Erinnerung. In Erinnerung deswegen, weil ich Gelegenheit bekam, ein wenig Ihre Vorlieben in Sachen Kunst zu studieren. Es sollte sich dann auch schnell zeigen, dass einiges in meinen Arbeiten diesen Ihren Vorlieben entgegenkam, so dass Sie sich, wenn auch nach reiflicher Überlegung, zum Kauf entschlossen.

Als nächstes wäre dann noch meine Ausstellung in den Räumen der Union Stiftung zu erwähnen, deren Vorsitzender Sie damals waren, und deren Ehrenvorsitz Sie heute innehaben. Sie ließen es sich damals nicht nehmen, die Gäste in Ihrer Rolle als Hausherr persönlich zu begrüßen. Ich hatte seinerzeit, um den festlichen Anlass ein wenig zu unterstreichen, einige mir bekannte Musiker eingeladen und um musikalische Umrahmung gebeten. Dies muss Ihnen gefallen haben. Ich erinnere mich, dass Sie, weil derartige Darbietungen bis dato bei solchen Anlässen nicht üblich waren, bei Ihrer anschließenden Begrüßung besonders darauf hingewiesen haben. Die Ausstellung wurde im übrigen in jeder Hinsicht ein Erfolg. Es ist wohl keine Übertreibung, wenn ich sage, dass Ihr Engagement dazu in besonderem Maße beigetragen hat. In meinem euphorischen Überschwang verabreichte ich Ihnen an diesem Abend noch den Doktortitel, was Sie aber sanft, zugleich aber mit Nachdruck zurückgewiesen haben. Falsche Lorbeeren sind, wie jedermann weiß, ohnehin nicht vonnöten.

Übrigens war da noch von Ihrer Seite Interesse an einem kleinen Ölbild. Ich schilderte Ihnen einmal deutlich die Umstände seiner Entstehung. Es stellt den Eingang zu einem unterirdischen Bierkeller im Frankenland dar und zwar in dem kleinen Weiler Anfelden bei Ansbach. Als Fünfjähriger lebte ich dort vom Spätherbst 1944 bis zum Sommer 1945 während der sogenannten „Evakuierung" zusammen mit meiner Mutter und sechs Geschwistern. Mit diesem unscheinbaren Ort in Mittelfranken bin ich bis heute gefühlsmäßig stark verbunden. Irgendwie müssen Sie dies gespürt haben. Ich nehme Ihren 90. Geburtstag gerne zum Anlass, Ihnen das kleine Bild zu schenken und verbleibe mit den besten Wünschen für die Zukunft

Ihr B. Breyer

HOMMAGE AN HERRN SCHLEHOFER

WAS IST EIN KÜNSTLER?

ANTWORT: EIN ARMES SCHWEIN

WENN ER ABER JEMANDEN
WIE HERRN SCHLEHOFER TRIFFT

Wolfgang Groß Mario

Rita Waschbüsch

Lieber Herr Schlehofer,

vielleicht erinnern Sie sich auch noch so gern an den wunderbaren Kartoffelsalat, den Frau Dr. Schweitzer immer an ihrem Geburtstag anbot. „Für nette Gäste eigenhändig nach dem Rezept meiner Mutter gemacht", betonte sie dann verschmitzt. Und der Westfale Schlehofer – erinnere ich mich – fand den Salat so gut, weil das saarländische Rezept aus der Küche der Lebacher Mutter ja eigentlich urwestfälisch sei.

Saarländischer Widerspruch folgte und zwar sehr entschieden.

Der Kartoffelsalat und anderes boten die feine Grundlage für ausdauernde und muntere Gesprächsrunden über Gott und die Welt und insbesondere die Politik.

Für mich als damals junge Politikanfängerin waren das jedes Mal recht spannende und informative Begegnungen. Es lagen ja die bewegten Zeiten der Saar-Abstimmung von 1955 noch nicht fern und längst waren noch nicht alle Wunden vernarbt.

Damals fiel mir eine Eigenschaft auf, die ich an Ihnen auch später immer bewundert habe. Selbst, wenn Sie von einer Sache sehr berührt oder überzeugt waren, haben Sie sich immer bemüht, Ihr Gegenüber mit anderer Meinung zumindest zu verstehen und respektvoll zu behandeln. Das geschliffene Wort, das sachliche Argument, das waren ihre Alternativen zu Hemdsärmeligkeit und plattem politischem Draufschlagen. Florett statt Knüppel, aber aus festem Stand! Weil ich Sie so kannte, war es mir dann auch eine Freude, als Sie mich Ende der 80er Jahre zur Mitarbeit in der Union Stiftung einluden. All die Jahre hindurch, bis zu Ihrem Ausscheiden, waren Ihr Einsatz, Ihre Kreativität und profunde Fachlichkeit prägend für die Union Stiftung. Und manche Leute fanden: Franz Schlehofer ist die Union Stiftung.

Diese Feststellung steht nicht im Widerspruch zu der Tatsache, dass der Vorstandsvorsitzende sein Amt sehr kommunikativ und in intensivem Austausch mit den Gremienmitgliedern und auch darüber hinaus führte. In vielen Vier- und Sechsaugengesprächen haben Sie, lieber Herr Schlehofer, sich mit anderen beraten, sie eingebunden. So sind in Ihrem Umfeld Loyalität und Verlässlichkeit gewachsen.

Bei all der seriösen und wichtigen Beschäftigung mit Bildung, Kultur und Finanzen kamen Mitmenschlichkeit und persönliches Kennenlernen nicht zu kurz: Der Vorsitzende sorgte auch dafür, dass neben den von der Union Stiftung geförderten Künsten der Musik, der Literatur, der Malerei gelegentlich und nach getaner Arbeit auch die Künste des Kochens, des Weinbaus, des Bierbrauens u.s.w. zur Geltung kamen.

Rita Waschbüsch

Lieber Herr Schlehofer, es ist ein wenig schade, dass Sie als Ehrenvorsitzender der Union Stiftung nicht mehr ganz so fest auf die Sitzungstermine der Gremien verpflichtet sind. Wir hätten Sie gerne immer dabei! Andererseits sehen wir ein, dass Sie sich als nunmehr Neunzigjähriger einen gelichteten Terminplan gönnen dürfen.

Über die Vollendung dieses neunzigsten Lebensjahres freuen wir uns mit Ihnen!

Ich wünsche Ihnen im Namen des Kuratoriums der Union Stiftung und persönlich Gesundheit, Glück und Segen und noch viele gute Jahre mit Ihrer lieben Frau und Ihrer Familie.

Ihre

Rita Waschbüsch

Günther Ersfeld

Lieber Herr Schlehofer,

eine Gratulation zum 90. Geburtstag, in der Ihre Person im Mittelpunkt steht, weckt vielfältige Gedanken und Erinnerungen. Das gilt um so mehr, als der Jubilar durch sein Leben und Werk eine Persönlichkeit der saarländischen Zeitgeschichte, ja zu einer „Institution" geworden ist.

Unsere erste Begegnung liegt auch schon ein paar Jahrzehnte zurück, als Sie mich für die Aufgaben und Ziele der Union Stiftung gewinnen konnten. Dort lernte ich einen Personenkreis kennen, in dem sich – typisch für die Nachkriegsgeschichte des Saarlandes – vielfältige politische, gesellschaftliche und menschliche Ansichten und Strömungen miteinander verbanden. In meiner Erinnerung waren in jener Zeit vier Persönlichkeiten für die Union Stiftung besonders prägend: Alois Becker, Rudolf Heimes, Dr. Manfred Schäfer und Sie, Franz Schlehofer!

Wenn auch oft aus unterschiedlicher Perspektive: Alle Vier einte die Absicht, einerseits die Stellung der Stiftung in Konkurrenz zu anderen Stiftungen im Lande zu festigen und zukunftssicher zu machen, andererseits ihren gesellschaftspolitischen Auftrag nach Außen optimal zu gestalten. Mit Verlaub gesagt: Das lief nicht immer ohne Friktionen ab, so dass gelegentlich die vermittelnde Rolle von Rita Waschbüsch (der Kuratoriums-Vorsitzenden) und anderen gefragt war.

In der Rückschau steht für mich fest: Dass sich die Stiftung bis heute zur Erfolgsgeschichte entwickelt hat, ist in erster Linie Ihrer Umsicht, Ihrer Beharrlichkeit und Ihrer vorausschauenden Weitsicht zu danken!

Dazu haben auch glückliche externe Umstände beigetragen: Ich meine das besondere persönliche Vertrauensverhältnis zum maßgeblichen Gesellschafter des Saarbrücker Zeitungsverlages, zu der Inhaberfamilie von Holtzbrinck Vater und Sohn sowie zu den Mitgesellschaftern der Fördergesellschaft, in der die drei saarländischen Stiftungen vereinigt sind. Und ich vergesse nicht Ihre nachdrückliche Mahnung, mit diesem äußeren Interessengeflecht behutsam umzugehen; denn Risiken aus dieser Richtung konnten jederzeit für die Union Stiftung zur Existenzgefahr werden.

So reifte Ihre Idee heran, die rechtsfähige Stiftung mit der Aufgabe zu betrauen, dort zusätzliche Ressourcen zu sammeln, um für alle Eventualitäten den Fortbestand der Arbeit zu gewährleisten. Zugleich hat sich aus meiner Sicht die Entscheidung bewährt, dieser Stiftung schwerpunktmäßig die Förderung von Kultur und Wissenschaft zu übertragen.

Auch dies eine Erfolgsgeschichte und ich bin ein bisschen stolz darauf, dazu einen bescheidenen Beitrag geliefert zu haben.

Besonders beeindruckt hat mich mitzuerleben, wie Sie sich – nach erfolgter Aussöhnung mit unserem französischen

Nachbarn – mit großem Engagement der neuen Aufgabe gewidmet haben, den osteuropäischen Nachbarländern Polen, Tschechien und Ungarn Hilfestellung zu geben, um sie auf den Beitritt in die Europäische Union vorzubereiten. Gerade das Zusammenführen von Schülern und Studenten wird sich in der Zukunft ohne Frage positiv auswirken.

Lieber Franz Schlehofer, gerade auch in dem Bewusstsein der Endlichkeit des Seins bitte ich Sie, diese Würdigung als eine von Herzen kommende Glückwunschadresse, nicht dagegen als einen verfrühten „Nachruf" zu betrachten. Sie sind als Ehrenvorsitzender der Stiftung stets geistig präsent, auch wenn Sie sich aus eigenem Antrieb aus dem laufenden Tagesgeschäft zurückgenommen haben.

Für unsere praktische Arbeit in der Stiftung sind Ihre Visionen – geprägt durch Ihre tiefe christliche Fundierung – nach wie vor ein unentbehrlicher Bezugspunkt.

Zu Ihrem runden Geburtstag wünsche ich Ihnen und Ihrer verehrten Gattin, Gottes reichen Segen. Mögen Sie das erreichte Alter nicht als Last empfinden, sondern als Quelle der Zufriedenheit und Geborgenheit in Ihrer Familie.

Mit den besten Grüßen

Ihr Günther Ersfeld

Engelbert Thiel

Lieber Herr Schlehofer,

bin zwar kein Dichter, aber ich will es trotzdem wagen,
meine Glückwünsche in ein paar Reimen zu sagen.

Nun sind Sie neunzig Jahre jung,
doch immer noch fit und voller Schwung.
Sie haben schon so manches erlebt und viel gesehen,
deshalb wünsche ich Ihnen
mehr Ruhe bei bestem Wohlergehen.
Nehmen Sie hundert Jahre als nächstes Ziel,
so wie ich Sie kenne, ist das nicht zuviel.
Der Herrgott möge Ihnen Kraft dazu geben,
gearbeitet haben Sie ja schon genug im Leben.
Seit fast sechzig Jahren aktiv für unser Land,
vielen Menschen sind Sie deshalb wohl bekannt.
Gute Freunde kommen von nah und von fern,
gratulieren Ihnen zum Geburtstag von Herzen gern.
Der Frohsinn sei Ihnen stets ein guter Begleiter,
auch wenn's mal weh tut, es geht immer weiter.
Zusammen mit Ihrer lieben Frau und der großen Familie
noch recht schöne Jahre auf der ganzen Linie.
Bleiben Sie heiter beschwingt und liebenswert,
dies wünscht Ihnen in alter Freundschaft
Ihr Engelbert.

Lieber Herr Schlehofer, von ganzem Herzen gratuliere ich Ihnen – auch im Namen meiner Frau Anita – zur Vollendung Ihres 90. Lebensjahres und hoffe, dass Sie der Union Stiftung und der Gesellschaft für Staatsbürgerliche Bildung Saar noch recht lange mit klugem Rat und hilfreicher Tat zur Seite stehen.

Diese Institutionen sind ja ein großer Teil Ihres bisher so erfolgreichen Lebenswerkes und werden immer sehr eng mit Ihrem Namen verbunden bleiben.

Mit den besten Grüßen
Ihr

Ralph Trebes

Sehr geehrter, lieber Herr Schlehofer,

vor ziemlich genau 20 Jahren, am 1. März 1984, trat ich in die Dienste der Union Stiftung ein. Was eigentlich nur als eine Zwischenstation gedacht war, entpuppte sich, wie so oft in diesen Fällen, als eine dauerhafte Tätigkeit.

Die Arbeit bei der Union Stiftung, zunächst als Studienleiter, dann als Geschäftsführer hat immer großen Spaß gemacht.

Getreu dem Motto die Mitarbeiter „an der langen Leine" zu lassen, aber selbst immer über alles informiert zu sein, hatten wir Freiräume, und die Kreativität des Einzelnen kam nicht zu kurz.

Ihre Tür stand immer allen offen, und ich denke oft an die vielen Gespräche, die wir in Ihrem Büro führten. Man konnte so unendlich viel erfahren, über längst Vergangenes und Gegenwärtiges und immer hatten Sie Ideen für unsere zukünftige Arbeit in der Stiftung. Die Sicherung der Stiftung war ein Ziel, das Sie als langjähriger Vorstandsvorsitzender im Auge hatten und in hervorragender Weise erreicht haben. Unsere heutige Unabhängigkeit haben wir in hohem Maße Ihrer Weitsicht und Ihrer klugen Planung zu verdanken.

Die Förderung junger Leute lag Ihnen immer besonders am Herzen. Stets waren Sie offen für neue Ideen und Vorstellungen, die an Sie herangetragen wurden.

Sie sahen die Mitarbeiterinnen und Mitarbeiter als „kleine Familie". Für unsere Anliegen hatten Sie stets ein offenes Ohr und auch das „Persönliche" war Ihnen nicht fremd. Stets ging Ihr Interesse über das rein Berufliche hinaus.

Wir sind Ihnen zu großem Dank verpflichtet.

Lieber Herr Schlehofer, persönlich, wie auch im Namen aller Mitarbeiterinnen und Mitarbeiter, wünsche ich Ihnen zu Ihrem 90. Geburtstag alles Gute, bestmögliche Gesundheit und noch viele Jahre gemeinsam mit Ihrer lieben Frau.

Die Absender der Briefe

Dr. Ing. Harald Barth, ehem. Präsident des Saarländischen Industriellenverbandes (45)

Luitwin Gisbert von Boch-Galhau, stellv. Vorsitzender Aufsichtsrat Villeroy & Boch (48)

Roland de Bonneville, Präsident des Verbandes der Saarhütten (52)

Prof. Dr. Manfred Buchwald, Intendant des Saarländischen Rundfunks a. D. (74)

Benno Breyer, Künstler (116)

Alfred Diwersy, Verleger (106)

Günther Ersfeld, Vorsitzender des Stiftungsrats der Union Stiftung (127)

Senator h. c. Hermann Fünfgeld, Intendant i. R., Süddeutscher Rundfunk (79)

Dr. Hanspeter Georgi, Minister für Wirtschaft und Arbeit des Saarlandes (39)

Wolfgang Groß Mario, Künstler (119)

Die Absender der Briefe

Dieter von Holtzbrinck, Aufsichtsratsvorsitzender der Verlagsgruppe Georg von Holtzbrinck (59)

Hans-Josef Hoffmann, Vorsitzender des Vorstands der Bank 1 Saar (54)

Prof. Dr. phil. Dr. jur. Ulrich Hommes, Institut für Philosophie, Universität Regensburg (83)

Peter Jacoby, stellv. Ministerpräsident, Minister für Finanzen des Saarlandes (21)

Dr. Heiko Jütte, Hauptgeschäftsführer Vereinigung der Saarländischen Unternehmensverbände (42)

Leo Kerwer, Staatssekretär a. D. (30)

Otto Klinkhammer, Chefredakteur Hörfunk & Fernsehen des Saarländischen Rundfunks und Programmdirektor a. D. (34)

Werner Klumpp, Minister a. D.; Vorsitzender des Kuratoriums der Stiftung Villa Lessing (92)

Arno Krause, Vorsitzender des Vorstands der Europäischen Akademie Otzenhausen (94)

Die Absender der Briefe

Prof. Dr. Heinrich Küppers, Historisches Seminar, Universität Wuppertal (24)

Friedel Läpple, Minister a. D., Vorsitzender der Stiftung Demokratie Saarland (89)

Dr. Arno Mahlert, Mitglied Aufsichtsrat Saarbrücker Zeitung (63)

Peter Müller, Ministerpräsident des Saarlandes (13)

Fritz Raff, Intendant, Saarländischer Rundfunk (69)

Marlene Reucher, Künstlerin (113)

Dr. Thomas Rochel, Vorsitzender der Geschäftsführung Unternehmensgruppe Saarbrücker Zeitung (65)

Prof. Dr. Hubert Rohde, Intendant des Saarländischen Rundfunks a. D. (72)

Werner Schoenicke, Verlagsgruppe Georg v. Holtzbrinck (61)

Hermann Schömer, ehem. Geschäftsführer des Altenwohnstift Egon-Reinert-Haus Saarbrücken (109)

Die Absender der Briefe

Engelbert Thiel, ehemaliger Geschäftsführer der Union Stiftung (130)

Prof. Dr. Dr. Heiner Timmermann, Direktor des Sozialwissenschaftlichen Forschungsinstituts der Europäischen Akademie Otzenhausen (98)

Ralph Trebes, Geschäftsführer der Union Stiftung (132)

Prof. Dr. Bernhard Vogel, Vorsitzender der Konrad-Adenauer-Stiftung, St. Augustin (17)

Prof. Rudolf Warnking, Vorsitzender des Vorstands der Union Stiftung (7)

Rita Waschbüsch, Vorsitzende des Kuratoriums der Union Stiftung (124)

Die Seitenzahl der Briefe in Klammern

Impressum

Die von dem jeweiligen Verfasser gewählte Rechtschreibung wurde übernommen. Die Briefe sind eingegangen zwischen Oktober und Dezember 2004.

Alle Rechte an dieser Ausgabe vorbehalten
© 2005 Gollenstein Verlag, Blieskastel
www.gollenstein.de

Buchgestaltung & Zeichnungen Gerd Braun
Satz Karin Luck & Thorsten Otto
Schriften Weidemann BQ & Times New Roman
Papier Munken Lynx, 100 g/m^2
Druck Merziger Druckerei und Verlag GmbH
Bindung Buchbinderei Schwind, Trier

Printed in Germany
ISBN 3-935731-88-4